winterliche
Glücks-
Momente

winterliche Glücks-Momente

SARAH ZAHN

Winterliche Glücksmomente

Winterzeit, du schöne Zeit. Im Haus entfaltet sich ein beglückender Duft von Apfel und Zimt, Kerzenschein leuchtet auf Fensterbänken, die Kuscheldecke liegt frisch und wohlig parat und tatsächlich ist der Wollpulli, den du dir vor zwei Jahren gegönnt hast, noch immer genauso schön, wie du ihn in Erinnerung hattest.

Allerlei Heimlichkeit, viele kleine und große Überraschungen bescheren uns Jahr für Jahr mit unvergesslichen Glücksmomenten. Für mich, für dich, für uns wird gekocht, gebacken und gebastelt wie zu kaum einer anderen Zeit des Jahres. Dieses Buch gibt dir köstliche Anregungen, begleitet dich durch eben jene besonderen Tage des Jahres und hilft dir, Wünsche wahrzumachen und gemeinsam mit deinen Lieben den Winter mit all seinen leckeren Facetten zu feiern. Ob kleine Wintersnacks, süße Plätzchen oder auch die eine oder andere Idee für das Weihnachtsfest: Lass die kalte Jahreszeit mit allerlei süßen und herzhaften Glücksmomenten zu einem Fest werden und sammle die schönsten Erinnerungen.

Deine

Sarah Zahn

INHALT

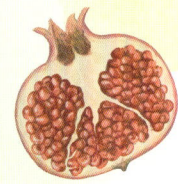

Für uns

VORLAGEN-DOWNLOAD

Die Vorlagen für die Topper, Banderolen und Etiketten in diesem Buch stehen in der Digitalen Bibliothek unter **www. topp-kreativ.de/digibib** nach erfolgter Registrierung zum Ausdrucken bereit. Den Freischaltcode findet ihr im Impressum.

Plätzchenteig

Back dir dein Plätzchenglück! Damit dir das Backen viel Freude bereitet und das Ergebnis perfekt wird, findest du hier Tipps und Tricks.

Butterplätzchen-Basisrezept

Für 2 Backbleche

330 g Mehl (Type 405)
70 g Speisestärke
150 g Zucker
200 g Butter, weich
1 Ei
1 Prise Salz
1 EL Vanillezucker

1 Alle Zutaten in einer Schüssel krümelig verrühren und anschließend auf der Arbeitsfläche zu einem homogenen Teig verkneten. Den Teig etwas flach drücken, in Frischhaltefolie wickeln und ca. 1 Stunde kalt stellen.

2 Den Teig nach Belieben ausrollen und ausstechen. Die Plätzchen im vorgeheizten Backofen bei 190 °C Umluft 10–12 Minuten goldbraun backen. Auskühlen lassen.

12

TIPP
Für einen dunklen Teig zusätzlich 2 EL Backkakao und 2 EL Milch zugeben.

SO GELINGT DER PLÄTZCHENTEIG

1. Vorbereitung ist alles
Beim Plätzchenbacken ist es wie beim Backen allgemein wichtig, sehr genau zu arbeiten. Wiege alle Zutaten vorher ab und stelle sie bereit. So vergisst du nichts und kannst den Teig zügig zubereiten.

2. Butter gründlich verkneten
Zu große Butterstücke im Teig sorgen dafür, dass später kleine Löcher in den Plätzchen entstehen. Für geschmeidige Plätzchen solltest du die Butter gründlich verkneten.

3. Puderzucker verwenden
Aus Puderzucker rührst du nicht nur tollen Zuckerguss an. Im Teig sorgt Puderzucker dafür, dass die Plätzchen besonders zart werden.

4 Backpulver im Teig
Wenn der Teig mit Backpulver zubereitet wird, sollte er schnell verarbeitet werden, sonst verliert das Backpulver seine Triebkraft. Teig ohne Backpulver kann hingegen mehrere Stunden im Kühlschrank zwischengelagert werden.

5. Nüsse rösten
Röste Nüsse ein wenig an, bevor du sie im Teig verarbeitest. So entfaltet sich das Aroma stärker und der Teig schmeckt noch nussiger.

6. Klebriger Teig
Wenn der Teig zu klebrig ist, solltest du nicht mehr Mehl verwenden, sonst werden die Plätzchen zu trocken. Rolle den Teig lieber zwischen zwei Streifen Frischhaltefolie oder Backpapier aus.

7. Ausstechformen
Tauche die Formen vor dem Ausstechen kurz in Mehl, damit der Teig nicht in der Form kleben bleibt. So bleibt garantiert nichts haften.

8. Das Backen
Lege mehrere Bögen Backpapier auf die Arbeitsfläche, so kannst du weiter Plätzchen ausstechen, auch wenn das Blech gerade im Ofen ist. Nach dem Backen das Backpapier mit den Plätzchen vorsichtig auf eine kalte Oberfläche ziehen und das Backpapier mit den ungebackenen Plätzchen auf das Blech legen.

9. Jeder Ofen backt anders
Auch wenn die Backzeit in den Rezepten vorgegeben ist, solltest du die Plätzchen immer im Auge behalten, wenn sie im Ofen sind, damit sie nicht hart werden. Denn jeder Ofen backt anders und vor allem bei kleinen Plätzchen können Sekunden entscheidend sein.

Füllungen und Toppings

*Ob klassisch mit Puderzuckerglasur oder ausgefallen gefüllt:
Sobald die Plätzchen gebacken sind, fängt der große Spaß erst richtig an.
Auf die Plätzchen, fertig, los!*

Schokoladenglasur

150 g Zartbitterkuvertüre
1 EL Butter
1 TL Kokosfett

Schokolade grob hacken und in einem Topf schmelzen. Butter zugeben und gut verrühren. Zum Schluss das Kokosfett einrühren. Sofort verwenden.

Puderzuckerglasur

250 g Puderzucker
3 – 4 EL Milch oder Sahne

Puderzucker und die Hälfte der Flüssigkeit verrühren, ggf. mehr zugeben, sodass eine zähflüssige Masse entsteht. Glasur noch kurz weiterrühren und sofort verwenden.

Maracuja-Curd

100 ml Maracujasaft
Abrieb von 2 Bio-Zitronen
180 g Zucker
1 Msp. gemahlene Kurkuma
60 g Speisestärke
50 g Butter

Alle Zutaten bis auf Speisestärke und Butter in einem Topf aufkochen. Speisestärke mit etwas Wasser glatt rühren und in die kochende Masse geben. Unter Rühren stark eindicken lassen. Butter einrühren. In sterilisierte Gläser füllen und luftdicht verschließen. Das Curd hält sich im Glas einige Wochen.

TIPP
Für andere Glasur-Aromen kannst du anstatt Milch oder Sahne zum Beispiel auch Zitronensaft, Kirschsaft oder Kaffee verwenden.

Salted Caramel

100 g Zucker
2 EL Wasser
50 g Butter
100 g Sahne
1 TL Salzflocken

Zucker und Wasser in einem Topf langsam erhitzen, bis der Zucker schmilzt und goldbraun karamellisiert (nicht rühren!). Butter löffelweise zugeben. Zum Schluss die Sahne vorsichtig zufügen und die Masse gut verrühren. Bei niedriger Temperatur 10 Minuten unter Rühren köcheln lassen. Salzflocken zugeben. In sterilisierte Gläser füllen und luftdicht verschließen. Das Karamell hält sich im Glas einige Wochen.

Süßer Hefeteig

Hefeteig gehört in die Winterzeit wie der Nikolaus zum 6. Dezember. Ob mit Zimt gefüllt oder mit Vanillesauce serviert: So gelingt dir das Hefeglück.

Für 1 Backblech

1 Päckchen Trockenhefe
   oder 20 g Frischhefe
170 ml Milch, lauwarm
60 g Zucker
450 g Mehl (Type 550)
1 Ei
75 g Butter, weich, + 1 TL zum
   Einreiben
1 TL gemahlener Kardamom
1 Prise Salz

1 Hefe in lauwarmer Milch mit Zucker auflösen. Abgedeckt 10 Minuten ruhen lassen. Mehl und die restlichen Zutaten zufügen und alles zu einem homogenen Teig verkneten. Den Teig mit Butter einreiben und 2 Stunden gehen lassen.

2 Den Backofen auf 180 °C Ober- und Unterhitze vorheizen. Den Teig nach Belieben weiterverarbeiten und je nach Rezept backen. Bei kleineren Teilchen ist die Backzeit kürzer, bei einem ganzen Zopf länger.

SO GELINGT DER HEFETEIG

1. Vorbereitung
Alle Zutaten sollten mindestens Zimmertemperatur haben – das gilt auch für Eier und Butter.

2. Flüssigkeit erwärmen
Milch oder Wasser sollten lauwarm sein, wenn sie mit der Hefe in Berührung kommen.

3. Hefe soll arbeiten
Ob herzhaft oder süß, ob Trocken- oder Frischhefe: Verrühre die Hefe zunächst mit der lauwarmen Flüssigkeit, bis sie sich vollständig aufgelöst hat.

4. Süße Zutaten
Die Hefe muss gefüttert werden. Gib Zucker oder Honig immer mit der Hefe zum Teig.

5. Eine Prise Salz
Auch in einen süßen Hefeteig gehört eine gute Prise Salz.

6. Teig mit Butter einreiben
Reibe den Teig mit den Händen mit etwas Butter ein, damit er nicht an den Fingern kleben bleibt.

7. Nachtruhe für den Teig
Der Teig kann auch über Nacht ruhen. Reduziere in diesem Fall die Hefe um die Hälfte.

Baiser

Eine herrlich aussehende Kleinigkeit, die nicht nur auf dem Kuchen eine gute Figur macht: Aus Baiser kannst du kleine Tannenbäumchen backen oder Tupfen mit Streuseln bestreuen und als kleines Gastgeschenk verpacken.

Für 1 Backblech mit kleinen Tupfen

1 Zitronenscheibe
2 Eiweiß
110 g Zucker

1 Die Rührschüssel mit der Zitronenscheibe ausreiben. Eiweiß in die Schüssel geben und leicht aufschlagen. Sobald sich Eiweißschaum bildet, langsam den Zucker einrieseln lassen. Die Masse steif schlagen, bis sich weiße Spitzen formen. Der Zucker sollte sich komplett aufgelöst haben.

2 Das Baiser nach Rezept weiterverarbeiten. Für Baisertupfen die Masse in einen Spritzbeutel mit Sterntülle füllen und Tupfen auf ein mit Backpapier ausgelegtes Backblech spritzen. Die Baisertupfen bei 60 °C Ober- und Unterhitze mindestens 60 Minuten trocknen lassen. Sie sollten sich danach ganz leicht vom Backpapier lösen. Wenn nicht, weitere 20 – 30 Minuten trocken lassen.

SO GELINGT DAS BAISER

1. Kein Eigelb im Eiweiß
Achte beim Trennen der Eier unbedingt darauf, dass kein Eigelb in das Eiweiß gerät. Die geringste Menge Fett aus dem Eigelb verhindert, dass sich das Eiweiß fest aufschlagen lässt. Deshalb sollte die Rührschüssel vorab mit einer Zitronenscheibe ausgerieben werden, um Fettrückstände zu beseitigen.

2. Trockener Ofen
Baiser verträgt keine Feuchtigkeit; achte immer darauf, dass der Ofen nicht feucht ist.

3. Handrührer verwenden
Verwende nicht die Küchenmaschine, sondern das Handrührgerät und ein schmales hohes Gefäß zum Aufschlagen.

4. Reihenfolge beachten
Schlage immer erst das Eiweiß auf und lass dann den Zucker einrieseln.

5. Zucker muss hinein
Eine gewisse Menge an Zucker braucht jedes Baiser, da die Masse sonst nicht so fest und auch nicht so glänzend wird. Eiweißschaum ohne Zucker sinkt wieder in sich zusammen. Verwende pro Eiweiß ca. 55 g Zucker.

6. Knirsch-Test
Um zu prüfen, ob der Zucker aufgelöst ist, machst du den „Knirsch-Test". Hierfür einfach etwas Baiser zwischen den Fingern reiben.

7. Die richtige Tülle
Verwende für kleine Baisers eine offene Sterntülle.

8. Warmes Blech
Achte darauf, dass das Blech nicht kalt, sondern immer schon vorgeheizt ist, wenn du das Baiser aufsetzt.

9. Spritzbeutel senkrecht halten
Achte beim Spritzen von Baiser immer darauf, dass du den Spritzbeutel senkrecht und nicht schräg hältst.

10. Niedrige Trockentemperatur
Damit Baiser schön weiß und glänzend bleibt, trocknest du es am besten bei 80 – 100 °C Ober- und Unterhitze.

11. Wann ist Baiser fertig gebacken?
Lässt sich das Baiser einfach vom Backpapier lösen, ist es fertig gebacken. Löst es sich nicht oder nur mit größerer Anstrengung, ist es innen noch nicht durchgebacken und braucht mehr Zeit im Ofen.

Gewürze

Spekulatius, Lebkuchen oder Punsch – so unterschiedlich die Leckereien auch sind, eins ist bei allen wichtig: die Gewürze. Sie geben süßen und herzhaften Weihnachtsgerichten ihre charakteristische Geschmacksnote.

Spekulatiusgewürz

80 g Zimt
Mark von 2 Vanilleschoten
20 g gemahlene Nelken
20 g gemahlene Muskatblüte
1 TL gemahlener Ingwer
14 g gemahlener Kardamom
1 Prise Pfeffer

Chai-Gewürz

2 TL gemahlene Muskatnuss
2 TL gemahlener Kardamom
2 TL Zimt
1 TL gemahlener Ingwer
1 TL gemahlene Gewürznelke
½ TL gemahlener Koriander
1 Msp. gemahlene Kurkuma
1 Msp. gemahlener Sternanis

Punschgewürz

1 ½ EL Zimt
½ TL gemahlener Ingwer
½ TL gemahlener Kardamom
Mark von 1 Vanilleschote
1 Msp. gemahlener Sternanis
1 Msp. gemahlener Piment
1 Msp. gemahlene Nelken
1 Msp. gemahlene Muskatnuss
1 Msp. gemahlener Fenchel
70 g Zucker

Alle Zutaten für das jeweilige Gewürz gut vermengen.
Die Mischung in Gläser füllen und luftdicht verschließen

Essbare Dekoration

Tannenbaum auf dem Kuchen oder Schneemann in der Tasse? So kreierst du mit wenigen Griffen kleine Deko-Elemente, die das i-Tüpfelchen deiner Köstlichkeit sein können.

Schoko-Bäume

Für 10 – 15 Stück

200 g Zartbitterkuvertüre
50 g weiße Kuvertüre
10 Knabbersticks mit Schokolade oder Salz-stangen
2 TL bunte Zuckerstreusel

1 Dunkle und helle Kuvertüre in zwei Schüsseln getrennt über dem heißen Wasserbad schmelzen. Die Schokolade in zwei Spitzbeutel geben und leicht abkühlen lassen, sodass sie etwas dickflüssiger wird.

2 Die Knabbersticks mit der Keksseite nach oben und mit ca. 2 cm Platz nach links und rechts auf ein mit Backpapier ausgelegtes Backblech legen. Ein ca. 2 mm kleines Loch in die Spitzbeutel schneiden. Zuerst die Zartbitterkuvertüre an der Baumspitze beginnend von links nach rechts zickzackartig über die Stäbchen spritzen, dabei nach unten hin größer werden, sodass die Tannenbaumoptik entsteht. Die weiße Kuvertüre nach Belieben dezent über die dunkle Kuvertüre spritzen. Mit Zuckerstreuseln bestreuen und auskühlen lassen.

3 Wenn die Schokolade erstarrt ist, die Bäume vorsichtig mit dem Stamm vom Backpapier lösen. Die Schokobäume kannst du als Dekoration für Desserts, Muffins oder eine Torte verwenden oder pur verschenken.

Marshmallow-Schneemänner

Für 20 Stück

50 g Puderzucker
1 EL Speisestärke
100 g Marshmallows
  (siehe S. 32)
50 g Marzipanrohmasse
1–2 Tropfen Lebensmittel-
  farbe in Orange
50 g Zartbitterkuvertüre
1 TL Kokosfett
50 g Puderzucker
1–2 TL Wasser

1 Puderzucker und Speisestärke in einer Schüssel gut vermengen. Die Marshmallows nach Belieben in Stücke schneiden oder ausstechen und in der Puderzuckermischung wälzen, damit sie nicht kleben. Für einen Schneemann drei Stücke auf einen Holzspieß schieben. Für einen Schneemann-Kopf brauchst du jeweils ein Marshmallow-Stück.

2 Für die Nase Marzipanrohmasse mit der Lebensmittelfarbe einfärben. Wenn die Masse zu klebrig ist, etwas Puderzucker-mischung unterkneten. Kleine Stücke vom Marzipan abzupfen und daraus kleine Möhrennasen formen.

3 Kuvertüre schmelzen. Kokosfett zugeben und die Masse in eine Schüssel füllen. Puderzucker und Wasser zu einer zähflüssigen Glasur verrühren.

4 Ein Holzstäbchen in die Schokolade tauchen. Augen und Mund auf die Schneemannköpfe tupfen, dabei genügend Platz für die Nase lassen. Bei den Schneemännern auch vorn Knöpfe auftupfen. Mit einem zweiten Stäbchen etwas Glasur als Kleber auf das Marshmallow-Gesicht tupfen und die Marzipannase damit festkleben; vorsichtig andrücken. Die Schneemänner 30 Minuten trocknen lassen. Sie halten sich luftdicht verschlossen in einem Glas eine Zeit lang frisch.

Für mich

Winterzeit – du darfst endlich wieder Plätzchen backen, naschen und verpacken, ohne rot zu werden, Märchen einschalten und mitsprechen, Weihnachtslieder summen, so viel du möchtest, und dich mit einem Punsch in deinen Händen am Kaminfeuer wärmen. Der Winter beginnt Ende Dezember? Von wegen! Winter ist, wenn du ihn spürst und intensiv auf deine Weise genießt.

Weihnachtsplätzchen

Leckerei meets Kleckerei. Die genüssliche Wiedergutmachung für das winterliche Küchenchaos ist Jahr für Jahr ein Glücksmomentgarant par excellence. Hier sind Rezepte für dich, „zwischen Mehl und Milch", die nicht so leicht verschleppt werden können.

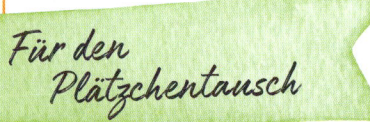

Für den Plätzchentausch

26

Für 30 Stück

100 g Butter, kalt
60 g Puderzucker
140 g Mehl (Type 405) +
   etwas für die Verarbeitung
40 g Speisestärke
1 EL Zitronensaft
Abrieb von 1 Bio-Zitrone
2 TL Mohn
100 g Maracuja-Curd
   (siehe S. 14)

Maracuja-Curd-Mohnplätzchen

1 Butter und Puderzucker gut verrühren. Mit den restlichen Zutaten außer dem Maracuja-Curd zu einem homogenen Teig verkneten. In Frischhaltefolie wickeln und 20 Minuten kalt stellen. Den Teig leicht bemehlen und ausrollen. Je ein Plätzchen mit Loch (Stern, Herz etc.) und ein geschlossenes ausstechen und auf ein mit Backpapier ausgelegtes Blech legen.

2 Den Backofen auf 160 °C Ober- und Unterhitze vorheizen und die Plätzchen 8 – 12 Minuten backen. Auskühlen lassen. In die Mitte des geschlossenen Plätzchens etwas Maracuja-Curd geben und ein Plätzchen mit Loch daraufsetzen.

Engelsaugen mit Salted Caramel

Für 80 Stück

230 g Mehl (Type 405)
60 g Backkakao
100 g weißer Zucker
100 g brauner Zucker
1 EL Vanillezucker
1 EL Zimt
1 EL Speisestärke
½ TL Natron
170 g Butter, kalt
50 g Zartbitterschokolade
100 g Salted Caramel
   (siehe S. 14)
1 TL Salzflocken

1 Mehl, Kakao, Zucker, Zimt, Speisestärke und Natron vermengen. Butter in Stückchen zugeben und die Masse verrühren. Schokolade schmelzen, zugeben und alles zu einem homogenen Teig verrühren. In Frischhaltefolie wickeln und 30 Minuten kalt stellen.

2 Den Backofen auf 170 °C Ober- und Unterhitze vorheizen. Den Teig zu kirschgroßen Kugeln formen. Die Kugeln auf ein mit Backpapier ausgelegtes Backblech setzen. Mit einem Holzstiel eine Mulde hineindrücken. 8 – 10 Minuten backen. Die Mulde direkt nach dem Backen nochmals eindrücken und die Plätzchen auskühlen lassen.

3 Salted Caramel mit einem Teelöffel in die Mulde der Plätzchen geben. Zum Schluss mit Salzflocken bestreuen.

Tipp
Die Plätzchen halten sich luftdicht verschlossen einige Tage bzw. Wochen.

Zimtschnecken-Plätzchen

1 Für den Teig die Zutaten in einer Schüssel verkneten; wenn er zu klebrig ist, etwas mehr Mehl zugeben. In Frischhaltefolie wickeln und 2 Stunden oder über Nacht kalt stellen.

2 Für die Füllung Zucker, Mandeln und Zimt mischen. Den Teig in vier Teile teilen und die Stücke jeweils auf der bemehlten Arbeitsfläche rechteckig (ca. 30 cm x 10 cm) ausrollen. Je 1 EL weiche Butter auf ein Teigrechteck streichen. Zwei Drittel der Zuckermischung darüber streuen und leicht andrücken; restliche Mischung beiseitestellen. Den Teig der Länge nach (wie Zimtschnecken) einrollen. Die Teigrollen zusammendrücken, in Frischhaltefolie wickeln und 30 Minuten im Gefrierschrank kühlen.

3 Den Backofen auf 180 °C Umluft vorheizen. Die Teigrollen in 5 mm dicke Scheiben schneiden. Die Plätzchen mit dem äußeren Rand erst durch die restliche Butter, dann durch die restliche Zuckermischung rollen und ca. 10 Minuten backen. Auskühlen lassen, erst dann in die Plätzchendose füllen.

Für 50 Stück

Für den Teig

250 g Mehl (Type 405) + etwas für die Arbeitsfläche
100 g gemahlene Mandeln
50 g Zucker
1 EL Zimt
180 g Butter
180 g Frischkäse (Doppelrahmstufe)

Für die Füllung

120 g brauner Zucker
50 g gemahlene Mandeln
2 EL Zimt
30 g Butter, weich

ZIMTSTERN-CHEESECAKE

Kevin wäre sicher nicht allzu lang allein zu Hause geblieben, wäre der Duft dieses zimtigen Winterglücks durch die Vorortstraßen Chicagos geweht. Es wird schwerfallen, diesen Cheesecake für sich behalten zu können. Also beeil dich beim Genießen!

Ein Herz für Klassiker

Für 12 – 16 Stücke

Für ca. 50 Zimtsterne

3 Eiweiß
250 g Puderzucker
200 g gemahlene Mandeln + etwas für die Arbeitsfläche
220 g gemahlene Hasel- nüsse
2 TL Zimt

Für den Boden

200 g Zimtsterne
100 g flüssige Butter

Für die Creme

1 kg Frischkäse (Doppel- rahmstufe)
150 g Crème fraîche
200 g Zucker
1 EL Vanillezucker
40 g Mehl (Type 405)
3 Eier
2 Eigelb
2 EL Zimt

Außerdem

100 g Sahne
1 EL Zucker

1 Für die Zimtsterne den Backofen auf 150 °C Ober- und Unterhitze vorheizen. Eiweiße halbsteif schlagen, Puderzucker einrieseln lassen und die Masse steif schlagen. 2 EL Eischnee beiseitestellen. Mandeln, Nüsse und Zimt mischen und nach und nach unter die Eiweißmasse heben, bis ein gut knetbarer Teig entsteht.

2 Die Arbeitsfläche leicht mit Mandeln bestreuen und den Teig darauf ausrollen. Sterne ausstechen und auf ein mit Backpapier ausgelegtes Blech legen. Mit dem restlichen Eischnee bestrei- chen und 20 – 25 Minuten backen.

3 Für den Cheesecake den Backofen auf 180 °C Ober- und Unterhitze vorheizen. Zimtsterne fein zerbröseln und mit der Butter verrühren. Die Masse auf dem Boden einer gefetteten Springform (ø 24 cm) verteilen. 10 Minuten backen. Boden herausnehmen und die Temperatur auf 160 °C Ober- und Unterhitze reduzieren.

4 Frischkäse, Crème fraîche und Zucker verrühren. Mehl unterrühren. Eier und Eigelbe verquirlen und unterheben. Ein Viertel der Masse mit dem Zimt verrühren. Jeweils 3 EL Cheesecake-Masse abwechselnd mit 1 EL Zimtmasse auf dem Boden verteilen, bis die Masse aufgebraucht ist.

5 Eine feuerfeste Form mit Wasser auf den Backofenboden stellen. Den Cheesecake 45 – 50 Minuten bei leicht geöffneter Backofentür backen. Backofen ausschalten und den Kuchen im Ofen auskühlen lassen.

6 Sahne mit Zucker steif schlagen und auf dem Kuchen verteilen. Mit Zimtsternen dekorieren und servieren.

Tipp
Am besten
schmeckt der
Cheesecake, wenn
er über Nacht im
Kühlschrank
durchkühlen
kann

Tipp
Anstelle von Pekannüssen kannst du auch Walnüsse, Mandeln oder Haselnüsse verwenden.

KALTER HUND

mit Spekulatius

Es scheiden sich die winterlichen Geister bei der Frage, ab wann man Spekulatius naschen darf. Bereits im Spätherbst oder erst am Nikolaustag? Im Zusammenspiel mit einem wahren Kindheitsklassiker bleiben sie in jedem Fall eine wahre Knusperfreude.

Kindheitserinnerungen wecken

1 Für die Spekulatius Butter und Zucker schaumig rühren, das Ei unterrühren. Mandeln, Mehl, Backpulver, Zitronenabrieb und Gewürze mischen und zufügen. Den Teig gut verkneten, in Frischhaltefolie wickeln und 2 Stunden kalt stellen. Den Teig auf der bemehlten Arbeitsfläche 3 mm dünn ausrollen, mit Spekulatiusformen ausstechen.

2 Für die Füllung Schokolade grob hacken und in einem Topf mit dem Kokosfett schmelzen. Kakao und Spekulatiusgewürz einrühren. Eier und Puderzucker schaumig schlagen, in die heiße Masse rühren.

3 Pekannüsse grob hacken und mit Butter und braunem Zucker in einem Topf karamellisieren. Zimt unterrühren. Abkühlen lassen.

4 Eine Kastenform mit Frischhaltefolie auskleiden und etwas Schokomasse in die Form geben. Mit einer Schicht Spekulatius bedecken, etwas Schokomasse darauf verteilen und 2 EL Pekannussmischung darüberstreuen. Wieder mit einer Schicht Spekulatius bedecken und so fortfahren, bis die Creme aufgebraucht ist. Mindestens vier Stunden kalt stellen.

5 Den kalten Hund auf einen Teller stürzen, Folie entfernen. 2–3 Spekulatius zerbröseln und mit der restlichen Pekannussmischung darauf verteilen.

Für die Spekulatius

160 g Butter
110 g brauner Zucker
2 EL Vanillezucker
1 Ei
80 g gemahlene Mandeln
300 g Mehl (Type 405) +
  etwas für die Arbeitsfläche
1 TL Backpulver
Abrieb von 1 Bio-Zitrone
1–2 EL Spekulatiusgewürz
  (siehe S. 20)
1 Prise Salz

Für die Füllung

250 g Zartbitterkuvertüre
200 g Nougatschokolade
250 g Kokosfett
2 EL Backkakao
1 EL Spekulatiusgewürz
2 Eier
100 g Puderzucker
100 g Pekannüsse
1 EL Butter
2 EL brauner Zucker
1 Msp. Zimt

31

SCHNEEMANNSUPPE

Als vergnügliche Alternative zu Handschuh und Taschenheizung
ist dieses Wohlfühlgetränk ein wahres Multitalent.
Es sorgt für warme Hände, einen warmen Bauch und ein behagliches
Grinsen. Einhundert Prozent frosty approved!

Zum Händewärmen

Für 40 Marshmallows

18 g Gelatinepulver
130 ml kaltes Wasser
250 g Puderzucker + 2 EL
1 TL Zimt
Mark von 1 Vanilleschote
2 EL Speisestärke
etwas Pflanzenöl

**Für 1 Glas Kakaomischung
à 475 ml**

110 g Backkakao
50 g Puderzucker
10 g Speisestärke
1 Msp. Zimt
50 g Zartbitterschokolade
50 g weiße Schokolade

Für eine Tasse Suppe

2–3 EL Kakaomischung
250 ml Milch
3–4 Marshmallow-Schnee-
   männer (siehe Seite 23)

1 Für die Marshmallows Gelatine in einem Topf mit Wasser
5 Minuten quellen lassen, dann bei geringer Temperatur
erhitzen, bis sich die Gelatine aufgelöst hat. 250 g Puderzucker
in eine Schüssel sieben. Gelatinemasse mit dem Handrührgerät
unterrühren und auf höchster Stufe ca. 5 Minuten aufschlagen,
die Masse sollte sehr fest sein. Zimt und Vanille unterrühren.

2 Ein hohes Backblech (20 cm x 20 cm) dünn mit Öl fetten.
Je 2 EL Puderzucker und Speisestärke mischen, die Hälfte in die
Form sieben. Marshmallowmasse in die Form geben, 1 EL
Speistärkemischung darüber sieben. 1–2 Stunden abgedeckt
fest werden lassen.

3 Die Masse stürzen und rund ausstechen oder würfeln. Die
Marshmallows in der restlichen Speisestärkemischung wälzen
und in eine luftdicht verschließbare Dose geben. Darin halten
sie sich einige Wochen.

4 Kakao, Puderzucker, Speisestärke und Zimt mischen und
durch ein Sieb geben. Mit einem Trichter in ein Glas (475 ml
Inhalt) füllen. Die Schokolade grob hacken und mit in das Glas
schichten. Luftdicht verschließen.

5 Für eine Tasse heiße Schneemannsuppe Kakaomischung mit
Milch unter ständigem Rühren aufkochen. In eine große Tasse
füllen und mit Marshmallow-Schneemännern servieren.

Tipp
Die Kakaomischung
ist ein tolles Geschenk.
Gestalte ein kleines
Etikett und verschenke
die schokoladigen
Glücksmomente
im Glas!

Pot Pie
mit Weihnachtshaube

Manchmal kann die Vorweihnachtszeit ziemlich stressig sein. Mit diesem Hingucker kannst du das feierabendliche Entspannen umso schöner genießen.

1 Für den Teig alle Zutaten verkneten. Den Teig in Frischhaltefolie wickeln und 30 Minuten kalt stellen.

2 Für die Füllung den Backofen auf 180 °C Ober- und Unterhitze vorheizen. Zwiebel und Knoblauch fein hacken, Möhren in Scheiben schneiden, Maronen halbieren, Spinat grob hacken. Butter in einem Topf schmelzen, Zwiebel und Knoblauch darin anschwitzen. Mehl zugeben und kurz rösten. Gemüsebrühe und Milch angießen und umrühren. Gemüse, Gewürze und Kräuter zufügen und kurz verrühren. Auf 6 – 8 kleine Ofenformen verteilen und 20 Minuten im Ofen garen.

3 Den Teig auf der bemehlten Arbeitsfläche ausrollen und passende Deckel ausschneiden. In die Teigdeckel Sterne stechen oder schneiden. Die Deckel jeweils auf die Ofenformen setzen und am Rand andrücken. Eigelb und Milch verquirlen, die Deckel damit einpinseln und die Pot Pies 20 – 30 Minuten goldbraun backen.

Für 6 – 8 Stück

Für den Teig

150 g Mehl (Type 550) + etwas für die Arbeitsfläche
80 g Butter
1 TL Salz
3 EL kaltes Wasser

Für die Füllung

1 Zwiebel
1 Knoblauchzehe
4 Möhren
200 g gekochte und geschälte Maronen
100 g Spinat
70 g Butter
50 g Mehl (Type 550)
150 ml Gemüsebrühe
100 ml Milch
200 g Erbsen
1 TL schwarzer Pfeffer
1 TL Paprikapulver
1 TL Salz
1 TL Thymian
1 TL Salbei
1 TL Rosmarin

Außerdem

1 Eigelb
1 EL Milch

35

BERGKÄSESUPPE

mit Sterncroutons

Komm schnell rein, mach die Tür zu und lass die Kälte draußen. Mit dieser cremigen Suppe wird es dir im Handumdrehen wohlig warm und gemütlich.

1 Zwiebel fein hacken und in einem Topf in der Butter anschwitzen. Mehl darüber stäuben und kurz rösten. Mit Weißwein ablöschen, Gemüsebrühe und Sahne zugeben. 250 g Bergkäse und Parmesan zufügen und die Suppe bei niedriger Temperatur 10 Minuten köcheln lassen. Gewürze und Kräuter zugeben und die Suppe pürieren. Abschmecken, den Deckel auflegen und die Suppe ziehen lassen.

2 Für die Croutons aus den Toastbrotscheiben Sterne ausstechen, Knoblauch fein hacken. Butter in einer Pfanne schmelzen, den Knoblauch darin anschwitzen. Toastbrotsterne zugeben in der Butter wenden. Salz, Pfeffer und Petersilie zufügen und die Croutons goldbraun rösten.

3 Die Suppe auf Teller verteilen, mit den Croutons und dem restlichen Bergkäse dekorieren und servieren.

Für 4 – 6 Portionen

Für die Suppe

1 rote Zwiebel
50 g Butter
30 g Mehl (Type 550)
150 ml Weißwein
800 ml Gemüsebrühe
200 g Sahne
250 g geriebener Bergkäse
  + 1 EL
50 g geriebener Parmesan
schwarzer Pfeffer
Salz
gemahlene Muskatnuss
1 EL Petersilie

Für die Croutons

2 – 3 Scheiben Toastbrot
1 Knoblauchzehe
50 g Butter
1 TL Salz
1 Msp. Pfeffer
1 EL Petersilie

37

CHAI-LATTE-SCONES

Let's celebrate „Britmas"! Diese würzig-süße Variante des englischen Traditionsgebäcks ist ein wahres Vergnügen auf dem weihnachtlichen Frühstückstisch.

Für 12–14 Stück

Für die Scones

450 g Mehl (Type 405)+
  etwas für die Arbeitsfläche
1 TL Backpulver
½ TL Natron
½ TL Meersalz
80 g Zucker
110 g Butter
1 Ei
250 ml Buttermilch
2 TL Chai-Gewürz
  (siehe S. 20)
1 Eigelb
1 EL Milch

Für die Glasur

100 g Puderzucker
1–2 EL Milch
½ TL Chai-Gewürz

1 Mehl sieben und mit Backpulver, Natron, Salz und Zucker vermischen. Butter würfeln und zugeben. Alles zu einer krümeligen Masse verarbeiten. Das Ei leicht verquirlen und mit der Buttermilch und dem Gewürz zugeben. Alles gut verkneten.

2 Den Teig 3–4 cm dick auf der bemehlten Arbeitsfläche ausrollen. Mit einem Ausstecher oder Glas 4–5 cm große Kreise ausstechen. Die Scones auf ein mit Backpapier ausgelegtes Backblech setzen.

3 Den Backofen auf 180 °C Umluft vorheizen. Eigelb und Milch mischen und die Scones damit bepinseln. 20–25 Minuten goldbraun backen.

4 Für die Glasur Puderzucker, Milch und Chai-Gewürz verrühren, ggf. mehr Milch zufügen, falls die Glasur nicht flüssig genug ist. Die Glasur über die Scones geben. Die Scones mit Butter servieren.

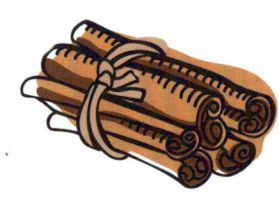

RENTIER - TARTE

Rudolph, das berühmteste Rentier, rettete bekanntlich das Weihnachtsfest. Doch nicht nur im größten Schneegestöber ist ein leuchtendes Näschen von Vorteil, auch von dieser köstlichen Schokoladentarte leuchtet sie dir entgegen.

Besuch von Rudolph

Für 10 Stücke

Für den Boden

160 g Butter
50 g brauner Zucker
200 g Mehl (Type 405)
2 EL Backkakao
50 g Zartbitterschokolade
1 TL Crème fraîche

Für die Füllung

300 g Zartbitterschokolade
350 g Sahne
80 g brauner Zucker
1 EL Vanillezucker
2 TL Backkakao
100 g Erdnussbutter

Für die Dekoration

100 g Sahne
1 EL Puderzucker
20 Mini-Salzbrezeln
10 rote Schoko-Erdnuss-
   Linsen
20 Schokotropfen

1 Für den Boden Butter und Zucker verrühren. Mehl und Kakao mischen. Zartbitterschokolade schmelzen und mit der Mehlmischung und Crème fraîche zugeben. Den Teig gut verkneten; wenn er zu klebrig ist, etwas mehr Mehl zufügen.

2 Den Backofen auf 180 °C Ober- und Unterhitze vorheizen. Den Teig ausrollen, in eine gefettete Tarteform (ø 26 cm) drücken, den Rand gut andrücken. Den Boden mit einer Gabel mehrmals einstechen und mit Backpapier und Backlinsen bedecken. 10 Minuten blind backen, danach die Backlinsen entfernen und den Boden nochmals 10 Minuten komplett durchbacken.

3 Für die Füllung Schokolade und Sahne in einem Topf erhitzen, bis die Schokolade geschmolzen ist. Mit den restlichen Zutaten in einer Schüssel zu einer cremigen Masse verrühren. Die Füllung auf den Boden geben und die Tarte mindestens 1 Stunde oder über Nacht kalt stellen.

4 Die Tarte vorsichtig in 10 Stücke teilen. Vor dem Servieren Sahne mit Puderzucker steif schlagen. Je zwei Salzbrezeln als Ohren an den Rand jedes Tartstücks drücken. Je zwei Tupfen Sahne und zwei Schokotropfen als Augen sowie einen Tupfen Sahne und eine Schoko-Erdnuss-Linse als Nase auf jedes Stück geben.

Zimtschneckenkranz
MIT APFEL

Märchen verzaubern uns an Weihnachten und verbinden Generationen. Wenn du wie jedes Jahr dein Lieblingsmärchen anschaust, soll dich dieser Kranz begleiten. Denn auch er verbindet, was ganz einfach zusammengehört.

Zum Märchengucken

1 Den Hefeteig nach Grundrezept (siehe S. 16) vorbereiten.

2 In der Zwischenzeit die Äpfel schälen, vom Kerngehäuse befreien und in kleine Würfel schneiden. Zucker, Zimt und Punschgewürz mischen.

3 Den Teig zu einem Rechteck (ca. 40 cm x 20 cm) ausrollen, mit Butter bestreichen und mit der Gewürzmischung bestreuen. Apfelwürfel auf dem Teig verteilen und leicht andrücken. Den Teig der Länge nach einrollen. Die Rolle mit der Naht nach unten auf ein mit Backpapier ausgelegtes Backblech legen. Die Teigrolle mit einem scharfen Messer in Abständen von jeweils 3 cm tief einschneiden, aber nicht durchschneiden. Die eingeschnittenen Stücke mit der Schnittseite nach oben etwas überlappend zum Kreis anordnen. In die Mitte des Kranzes eine runde ofenfeste Form stellen. Den Kranz 30 Minuten gehen lassen. In der Zwischenzeit den Backofen auf 180 °C Ober- und Unterhitze vorheizen.

4 Eigelb und Milch mischen und die Oberfläche des Kranzes damit einpinseln. Den Kranz mit der Ofenform in der Mitte 15–20 Minuten goldbraun backen.

5 Puderzucker und Milch verrühren und die Glasur über den abgekühlten Zimtschneckenkranz geben.

Für 12–15 Stücke

1 Grundrezept Hefeteig
(siehe S. 16)

Für die Füllung

2 Äpfel
60 g Zucker
2 TL Zimt
2 TL Punschgewürz
80 g Butter, weich

Außerdem

1 Eigelb
2 EL Milch
1 Grundrezept Puderzuckerglasur (siehe S. 14)

43

BUCHTELN
mit Marzipansauce

Ob nun Buchteln oder Wuchteln, traditionsentzückt lassen sich diese süßen Kleinigkeiten umso leckerer vernaschen, wenn sie in köstlicher Marzipansauce baden. Wer kann da widerstehen?

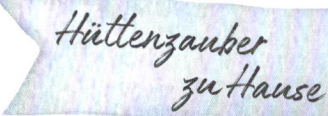

Hüttenzauber zu Hause

1 Für den Teig Hefe, Zucker und Milch vermischen und 10 Minuten ruhen lassen. Mehl, Ei, Butter und Salz zufügen und alles zu einem homogenen Teig verkneten. Falls der Teig zu klebrig ist, etwas mehr Mehl zugeben. Den Teig mit 1 TL Butter einreiben und abgedeckt 90 Minuten gehen lassen.

2 Den Backofen auf 180 °C Ober- und Unterhitze vorheizen. Nussnougat in 16 Stücke schneiden. Den Teig in 15 gleich große (à 60 g) und ein etwas kleineres Stück (50 g) teilen. In die Mitte jedes Teiglings jeweils ein Stück Nougat geben. Den Teig zuklappen und zu kleinen Kugeln rollen. Die Teiglinge mit der Spitze beginnend tannenbaumförmig auf ein mit Backpapier ausgelegtes Backblech setzen, dabei immer ca. 2 mm Platz zwischen den Buchteln lassen. Das kleinste Teigteil an die untere Seite als „Baumstamm" legen. Die Buchteln 20 – 30 Minuten goldbraun backen.

3 Butter schmelzen und die noch heißen Brötchen damit bepinseln. Vor dem Servieren mit Puderzucker bestreuen.

4 Für die Sauce 250 ml Milch in einem Topf aufkochen. Eigelb, Bittermandelöl, Zucker, Vanillezucker und Speisestärke sowie 50 ml Milch in einer Schüssel verrühren. Die Milch von der Herdplatte nehmen und die Eimasse nach und nach einrühren. Marzipan fein reiben und unterrühren. Die Sauce erneut auf die Herdplatte stellen und unter Rühren etwas eindicken lassen. Noch warm zu den Buchteln servieren.

Für 16 Stück

Für die Buchteln

1 Päckchen Trockenhefe
   oder 25 g Frischhefe
60 g Zucker
1 EL Vanillezucker
230 ml Milch, lauwarm
500 g Mehl (Type 550)
1 Ei
80 g Butter + 1 TL zum
   Einreiben
1 Prise Salz
150 g Backnussnougat

Für die Sauce

300 ml Milch
1 Eigelb
1 – 2 Tropfen Bittermandelöl
50 g Zucker
1 EL Vanillezucker
2 TL Speisestärke
50 g Marzipan

Außerdem

30 g Butter
50 g Puderzucker

45

LEBKUCHENMUFFINS
mit Puddingkern

*Winterliches Schlemmerhandgepäck gefällig?
Diese süßen Wegbegleiter lassen sich am besten mit
Chris Reas ewigem Weihnachtshit als Hintergrundmusik
und deinem allerliebsten Beifahrer genießen.*

*Driving home
for Christmas*

16

Für 12 Stück

Für die Füllung

130 ml Milch
1 Eigelb
50 g Zucker
1 EL Vanillezucker
20 g Speisestärke
1 TL Lebkuchengewürz
50 g dunkle Schokolade

Für den Teig

100 g Butter
150 g Zartbitterschokolade,
 gehackt
70 g Backkakao
2 Eier
200 g brauner Zucker
1 EL Vanillezucker
260 ml Milch
290 g Mehl (Type 550)
1 TL Backpulver
1 TL Natron
1 EL Lebkuchengewürz
1 Prise Salz

Für das Topping

250 g Sahne
60 g Puderzucker
200 g Frischkäse
 (Doppelrahmstufe)

1 Für die Füllung alle Zutaten bis auf die Schokolade in einem Topf unter ständigem Rühren erwärmen, bis die Masse stark eindickt. Die Schokolade einrühren und schmelzen lassen. Mit Frischhaltefolie abdecken, damit sich keine Haut bildet, und abkühlen lassen.

2 Für den Teig Butter und Schokolade mit dem Kakao in einem Topf schmelzen. Eier, Zucker und Vanillezucker schaumig aufschlagen. Die Schoko-Butter-Masse sowie die Milch in die Eiermasse rühren. Mehl, Backpulver, Natron, Lebkuchengewürz und Salz mischen und unterheben.

3 Den Backofen auf 200 °C Ober- und Unterhitze vorheizen. Jeweils etwa 1 EL Teig in die Muffinformen füllen. Die Pudding-füllung in einen Spritzbeutel mit Lochtülle füllen und jeweils etwa einen Teelöffel Pudding in den Teig spritzen. Die Muffins 18–22 Minuten backen; die Stäbchenprobe am Rand machen. Auskühlen lassen.

4 Für das Topping Sahne mit Puderzucker steif schlagen. Frischkäse glatt rühren und Sahne unterheben. In einen Spritz-beutel mit Sterntülle füllen und in Tupfen auf die Muffins spritzen.

CARROT CAKE

Möhrenkuchen gibt es nur zu Ostern? Von wegen! Jeder standesgemäße Schneemann hat ein orangefarbenes Karottennäschen. Der cremige und saftige Wohlfühlkuchen ist genau richtig für die kalte Jahreszeit.

Verwöhn dich

1 Den Backofen auf 180 °C Umluft vorheizen. Für den Teig Butter, Zucker und Vanillezucker schaumig schlagen. Eier nach und nach zugeben. Möhren unterheben. Trockene Zutaten vermengen und im Wechsel mit der Buttermilch unterrühren. Die Masse auf zwei Springformen (ø 20 cm) verteilen und 35 – 45 Minuten backen; Stäbchenprobe machen. Auskühlen lassen.

2 Für die Füllung Frischkäse und Mascarpone glatt rühren. Sahne mit Sahnesteif, Puderzucker, Vanillezucker und Zimt steif schlagen und unter die Mascarponemasse heben. Die Masse in einen Spritzbeutel mit Sterntülle füllen.

3 Die Hälfte der Creme auf einen Boden spritzen. Den zweiten Boden auflegen und den Kuchen mit der restlichen Creme verzieren. Pistazien und Kokosraspeln mischen und den Kuchen damit dekorieren.

Für 12 – 15 Stücke

Für den Teig

170 g Butter, weich
220 g Zucker
1 EL Vanillezucker
2 Eier
160 g Möhren, geraspelt
350 g Mehl (Type 405)
1 TL Backpulver
1 TL Natron
2 TL Zimt
1 Msp. Salz
100 g gemahlene Mandeln
100 g Kokosraspel
200 ml Buttermilch

Für die Füllung

400 g Frischkäse (Doppel-
    rahmstufe)
200 g Mascarpone
200 g Sahne
1 Päckchen Sahnesteif
100 g Puderzucker
1 EL Vanillezucker
1 Msp. Zimt

Außerdem

3 EL gehackte Pistazien
3 EL Kokosraspel

Für dich

Wie schön es doch ist, zu verwöhnen und zu beschenken, während die Eiseskälte um die Häuser weht. Selbst Miesepetern wird es ganz wohlig, wenn ein Marshmallow-Schneemann ihnen charmant entgegenzwinkert. Fröstelige Winterzeit? Auf gar keinen Fall. Winter ist, wenn du deinen Liebsten herzerwärmende Glücksmomente bereitest.

Haselnusstorte
MIT PUNSCHFÜLLUNG

Für diese Torte mit Punschwunsch(er)füllung brauchst du zwar mehr als nur die drei Haselnüsse von Aschenbrödel, doch die Köstlichkeit erhält sicher schnell ihren festen Platz am Adventskaffeetisch.

Für 16 Stücke

Für den Boden

6 Eier, getrennt
110 g Zucker
110 g Butter
2 EL Vanillezucker
250 g gemahlene Hasel-
  nüsse
1 TL Backpulver
2 EL Backkakao
1 EL Zimt
1 Msp. Salz

Für die Füllung

500 g Sauerkirschen (TK)
150 ml Traubensaft
80 g Zucker
2 EL Punschgewürz
  (siehe S. 20)
2 EL Vanillezucker
60 g Speisestärke

Für die Creme

400 g Sahne
1 Päckchen Sahnesteif
60 g Puderzucker
1 EL Vanillezucker

Für die Dekoration

100 g Schokoraspel
2 EL gemahlene Haselnüsse

1 Den Backofen auf 180 °C Umluft vorheizen. Für den Teig Eiweiße mit 50 g Zucker steif schlagen. Butter mit restlichem Zucker und Vanillezucker schaumig schlagen. Eigelbe unterrühren. Haselnüsse, Backpulver, Kakao, Zimt und Salz mischen und einrühren. Den Eischnee unterheben. Den Teig auf drei gefettete und leicht gemehlte Springformen (ø 24 cm) verteilen, glattstreichen und 30 – 40 Minuten backen. Auskühlen lassen.

2 Für die Füllung die Hälfte der Kirschen und den Saft in einem Topf erhitzen. Sobald die Kirschen aufgetaut sind, durch ein Sieb geben. Die Kirschen beiseitestellen, den Saft mit Zucker und Gewürzen aufkochen. Speisestärke mit 50 ml Wasser glatt rühren und zugeben. Unter Rühren köcheln und stark eindicken lassen. Kirschen zufügen und die Masse pürieren. Die restlichen Kirschen zugeben. Die Füllung glatt rühren, abdecken und auskühlen lassen.

3 Für die Creme Sahne, Sahnesteif und Zucker steif schlagen. Drei Viertel davon in einen Spritzbeutel mit Lochtülle füllen. Einen Tortenring um den ersten Boden legen. Etwas Creme dünn auf dem Boden glattstreichen. Einen Cremering auf den Boden spritzen, einen Teil der Füllung in die Mitte geben und mit etwas Creme bestreichen. Den zweiten Boden auflegen und den Schritt wiederholen. Den dritten Boden auflegen. Die Torte 1 Stunde kalt stellen.

4 Den Tortenring entfernen und die Torte rundherum mit Creme einstreichen. Die restliche Creme in einen Spritzbeutel mit Sterntülle füllen und die Torte damit und mit Schokoraspeln und Haselnüssen dekorieren. Bis zum Servieren kalt stellen.

PANNACOTTA-TARTELETTES
✦✦✦ mit Bratapfel ✦✦✦

Wintergenuss auf Italienisch: Diese Tartelettes lassen den Dessertklassiker in neuem Glanz erstrahlen. Mit dem Bratapfelkompott werden sie unwiderstehlich.

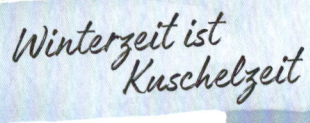

Winterzeit ist Kuschelzeit

54

Für 6 Stück

Für den Boden

120 g Butter
50 g Puderzucker
250 g Mehl (Type 405)
1–2 EL Joghurt

Für die Pannacotta

200 ml Milch
400 g Sahne
130 g Zucker
½ Tonkabohne
9 g Gelatinepulver

Für die Bratäpfel

2 saure Äpfel
50 ml Wasser
60 g brauner Zucker
1 EL Butter
1 TL Zimt
1 TL Speisestärke

1 Für den Boden Butter, Zucker und Mehl zu einer krümeligen Masse verarbeiten. Nach und nach den Joghurt zugeben und den Teig kneten, bis die Zutaten sich homogen verbinden. Den Teig zwischen 2 Lagen Frischhaltefolie ausrollen und auf 6 kleine Tarteletteformen verteilen, alternativ in eine große Tarteform (ø 24 cm oder 26 cm) legen. 1 Stunde in den Kühlschrank oder 15 Minuten in den Gefrierschrank stellen. Den Backofen auf 180 °C Ober- und Unterhitze vorheizen. Die Böden mit Backpapier und Backlinsen bedecken und 10–15 Minuten blind backen.

2 Für die Pannacotta Milch Sahne und Zucker in einem kleinen Topf erhitzen. Tonkabohne hineinreiben. Die Gelatine in etwas kaltem Wasser einweichen. Den Topf von der Herdplatte nehmen und Gelatine einrühren. Abkühlen lassen. Die Pannacotta auf die Böden verteilen und die Tartelettes 4 Stunden oder über Nacht kalt stellen.

3 Die Äpfel schälen, vom Kerngehäuse befreien und in Stücke schneiden. Wasser und Zucker in einer Pfanne karamellisieren lassen. Äpfel zugeben und ca. 10 Minuten mitköcheln lassen. Butter und Zimt einrühren. Speisestärke in etwas Wasser glatt rühren, zugeben und die Masse leicht eindicken lassen. Auskühlen lassen. Mit den Tartelettes servieren.

Hähnchen
MIT WINTERGEMÜSE

Schon bei der Zubereitung dieses One-Pot-Gerichts entfaltet sich eine wärmende Atmosphäre in der Küche. Und spätestens beim Genießen ist jeder noch so kalte Wintertag im Nu vergessen.

Für kalte Wintertage

Für 4–6 Portionen

1,5 kg Hähnchenkeule und Hähnchenbrust
2 TL Pfeffer
2 TL Paprikapulver
2 TL Salz
1½ TL Zimt
1 EL Oregano
1 TL Majoran
50 ml Olivenöl
50 g Butter
1 rote Zwiebel, geschält und geachtelt
500 g braune Champignons, geviertelt
700 g Kartoffeln, geschält und geviertelt
500 g Möhren, geschält
200 g Urmöhren, geschält und in Stücke geschnitten
2 EL Mehl
500 ml Rotwein
400 ml Gemüsebrühe
2–4 Knoblauchzehen
1 Bund Petersilie

1 Die Hähnchenteile waschen und trocken tupfen. Die Gewürze und Kräuter vermischen und das Fleisch mit der Hälfte der Mischung großzügig einreiben. Olivenöl in einer Pfanne erhitzen und das Hähnchen darin von allen Seiten anbraten. Aus der Pfanne nehmen und beiseitestellen.

2 Den Backofen auf 180 °C Ober- und Unterhitze vorheizen. Etwas Butter in der Pfanne erhitzen und Zwiebel, Champignons und Kartoffeln darin anschwitzen. Das Gemüse in eine ofenfeste Form geben. Die restliche Butter in der Pfanne schmelzen und Möhren und Urmöhren darin wenden. Urmöhren auf den Pilzen verteilen, die langen Möhren am Rand drapieren.

3 Mehl im Bratensatz in der Pfanne kurz rösten und mit Wein ablöschen. Brühe und die restliche Gewürzmischung sowie Knoblauch und Petersilie zufügen und köcheln lassen. Die Hähnchenteile auf das Gemüse legen und mit Sud begießen. 45–60 Minuten im Backofen garen.

KOKOSECKEN-TANNENBÄUME

Einen Hauch tropische Weihnachten zauberst du mit diesen Tannenbäumchen auf den Gabenteller. Heißet den Nikolaus dieses Jahr auf diese exotische Weise willkommen!

Ein kleiner Nikolausgruß

Für 40 Stück

Für den Mürbeteig

280 g Mehl (Type 405) + etwas für die Arbeitsfläche
100 g Butter
100 g Zucker
1 EL Vanillezucker
1 Prise Zimt
1 TL Backpulver
2 Eier

Für die Kokosschicht

4 Eiweiß
1 Msp. Salz
180 g Zucker
1 EL Vanillezucker
220 g Kokosraspel
50 g Butter, flüssig

Für die Tannenbäume

75 g Knabbersticks mit Schokolade
80 g Schokolade
1 EL Kokosraspel

1 Den Backofen auf 170 °C Umluft vorheizen. Für den Mürbeteig Mehl, Butter und Zucker krümelig rühren. Gewürze und Backpulver zum Teig geben. Eier verquirlen und nach und nach einrühren, bis ein gut knetbarer Teig entsteht; ggf. brauchst du nicht die komplette Eimasse. Den Teig auf der bemehlten Arbeitsfläche rechteckig ausrollen und auf ein mit Backpapier ausgelegtes Backblech (42 cm x 29 cm) legen. 10 Minuten backen.

2 Für die Kokosschicht Eiweiß mit Salz langsam steif schlagen, Zucker dabei einrieseln lassen. Kokosraspel und Butter unter die steife Masse heben. Die Masse auf dem Mürbeteig gleichmäßig verteilen und 15 – 20 Minuten backen.

3 Das Gebäck noch warm in lange Dreiecke schneiden, dann auskühlen lassen. Die Knabbersticks in drei Teile teilen und jeweils ein Stück in das untere Ende der Dreiecke stechen. Schokolade schmelzen und die Bäumchen damit beträufeln. Mit Kokosraspeln bestreuen.

SCHOKO-MANDEL-KUCHEN

Unverhofft klopft es an der Tür! Aber nicht Knecht Ruprecht steht davor, sondern liebe Freunde und Verwandte. Ihr leicht verschneites Antlitz lässt erahnen, dass sie einem süßen Weihnachtsgenuss nicht abgeneigt sind.

Für den Weihnachtsbesuch

1 Für die Zimtcreme alle Zutaten verrühren. Die Creme glatt rühren und beiseitestellen.

2 Den Backofen auf 170 °C Ober- und Unterhitze vorheizen. Für den Teig Butter, Zucker und Vanillezucker luftig aufschlagen, Eier nach und nach unterrühren. Mehl, Backpulver, Mandeln, Nüsse und Salz vermischen, mit der Sahne zugeben und alles gut verrühren. Die Schokolade in einem Topf schmelzen. Flüssige Schokolade, Milch und Kakao mit einem Viertel des Teigs verrühren.

3 Eine Guglhupfform (2,2 l) fetten und leicht mehlen. Jeweils die Hälfte des hellen und des dunklen Teigs in die Gugelhupfform schichten, dabei mit dem Löffel in der Mitte eine Mulde ziehen, sodass ein Teigrand entsteht. Die Zimtcreme in die Mulde füllen. Den restlichen hellen und dunklen Teig abwechselnd in die Form schichten, dabei mit dem hellen beginnen. Ein Stäbchen durch den Teig ziehen und die Masse marmorieren.

4 Von unten gegen die Form klopfen, um Blasen im Teig zu entfernen, und den Kuchen 45 – 50 Minuten goldbraun backen; Garprobe machen. Auskühlen lassen.

5 Den Kuchen auf einen Teller stürzen. Puderzucker und Sahne zu einer zähflüssigen Masse verrühren. Den Kuchen damit glasieren und mit Puderzucker bestreuen.

Für 20 Stücke

Für die Zimtcreme

100 g Sahne
100 g Frischkäse
  (Doppelrahmstufe)
80 g Zucker
1 Eigelb
1 TL Zimt
25 g Speisestärke

Für den Teig

250 g Butter, zimmerwarm
180 g Zucker
2 EL Vanillezucker
4 Eier
230 g Mehl (Type 405)
1 EL Backpulver
200 g gemahlene Mandeln
100 g gemahlene Haselnüsse
1 Prise Salz
130 g Sahne
50 g Zartbitterschokolade
25 ml Milch
40 g Backkakao

Außerdem

100 g Puderzucker + 1 TL
  zum Bestreuen
1 – 2 EL Sahne

⋟ EGGNOG – WAFFELN ⋞

*Der aus dem angelsächsischen Raum stammende
Eggnog ist eine Art Eierpunsch – eine wunderbare
Zutat für unsere winterlichen Waffelwunder. Zeit für
uns, oh wie fröhlich!*

*Verwöhnmomente
zu zweit*

62

Für 10 Stück

Für den Eggnogg

3 Eier
2 Eigelb
50 g Zucker
1 EL Vanillezucker
450 ml Milch
200 g Sahne
1 TL Zimt
1 Msp. gemahlene Nelken
1 Msp. geriebene Muskat-
  nuss
1 Msp. Salz

Für die Waffeln

1 EL Vanillezucker
80 g Zucker
2 Eier
90 g Butter
150 ml Milch
150 ml Eggnogg
200 g Mehl (Type 405)
1 TL Backpulver
1 Prise Salz
1 TL Zimt
½ TL geriebene Muskatnuss

1 Für den Eggnogg Eier, Eigelbe und Zucker in einem Topf gut verquirlen. Milch, 100 g Sahne und Gewürze zugeben und alles auf mittlerer Stufe unter ständigem Rühren erhitzen, danach ca. 5 Minuten unter Rühren weiter erhitzen, aber nicht köcheln! Den Topf abdecken, vom Herd nehmen und den Eggnog 10 Minuten ziehen lassen. Die restliche Sahne einrühren. In ein Schraubglas füllen, gut verschließen und bis zur Verwendung im Kühlschrank aufbewahren.

2 Für die Waffeln Vanillezucker und Zucker mischen und mit den Eiern schaumig schlagen. Butter schmelzen und mit Milch und Eggnogg zu der Eimasse geben. Mehl mit den restlichen Zutaten mischen und unterrühren.

3 Das Waffeleisen auf höchster Stufe vorheizen und die Waffeln je nach Größe und Waffeleisen 3–5 Minuten goldbraun ausbacken.

Tipp
Den Eggnogg kannst
du auch als Getränk
genießen. Dazu einfach
aufwärmen, mit einem
Pürierstab aufschäumen
und in Gläser füllen.

Granola
mit gebrannten Mandeln

Oh du frühstückliche! Selten schmeckte die wichtigste Mahlzeit des Tages so weihnachtlich wie bei diesem Knuspergranola. Lasst uns gesund und munter sein!

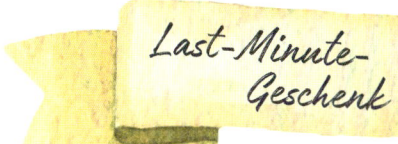
Last-Minute-Geschenk

1 Den Backofen auf 180 °C Ober- und Unterhitze vorheizen. Mandeln grob hacken, Kokosöl schmelzen und mit Ahornsirup mischen. Mandeln und Kokosölmischung mit den restlichen Zutaten vermengen.

2 Die Masse gleichmäßig auf einem mit Backpapier ausgelegten Backblech verteilen. Etwa 20 Minuten backen, dabei alle fünf Minuten wenden. Das Granola auskühlen lassen. Schokotropfen zugeben und in Gläser füllen.

Für 2 Gläser à 440 ml

100 g ganze Mandeln
100 ml Kokosöl
70 ml Ahornsirup
200 g kernige Haferflocken
200 g zarte Haferflocken
60 g Sesamsamen
3 TL Zimt
½ TL gemahlener Ingwer
100 g Zartbitter-Schoko-
   tropfen

...auch für Langschläfer.

Irish Cream Trifle

Auch in der fröhlichen Vorweihnachtszeit gibt es manchmal einen Grinch mit verdrießlicher Laune in unserer Nähe. Dezent beschwipst lässt er sich etwas leichter ertragen. „A wonderful awful idea!"

Den Grinch verzaubern

1 Für die Creme Irish Cream, Eigelb, Zucker und Speisestärke in einem Topf unter ständigem Rühren erhitzen und so lange köcheln lassen, bis die Masse stark eindickt. Mit Frischhaltefolie abdecken, damit sich keine Haut bildet. Auskühlen lassen. Danach mit dem Frischkäse mischen und glatt rühren. Sahne steif schlagen und unterheben. Die Creme in einen Spritzbeutel mit Sterntülle füllen und kalt stellen.

2 Für die Streusel die Kekse pürieren und mit der flüssigen Butter gut vermengen. Beiseitestellen.

3 Für die Sauce Butter, Zucker und Salz in einem Topf erhitzen, bis der Zucker geschmolzen ist. Irish Cream und Sahne zufügen und kurz aufkochen lassen. Auskühlen lassen.

4 Sahne und Puderzucker steif schlagen und in einen Spritzbeutel mit Sterntülle füllen.

5 Die Schokostreusel, dann die Creme, danach die Soße in dieser Reihenfolge in mehreren Schichten in Gläser füllen. Zum Schluss mit Sahne dekorieren und mit den restlichen Streuseln garnieren. Bis zum Servieren kalt stellen.

Für 4 – 6 Portionen

Für die Creme

200 ml Irish Cream
1 Eigelb
70 g Zucker
40 g Speisestärke
200 g Frischkäse
  (Doppelrahmstufe)
300 g Sahne

Für die Streusel

100 g dunkle Schokokekse
30 g flüssige Butter

Für die Sauce

1 EL Butter
70 g brauner Zucker
1 Msp. Salz
100 ml Irish Cream
100 g Sahne

Außerdem

100 g Sahne
1 EL Puderzucker

SHORTBREAD-KALENDER

*Vorfreude, schönste Freude? Um den Liebsten
die Weihnachtswartezeit zu versüßen, ist dieser
selbstgebackene Adventskalender bestens geeignet.*

**Für 1 Adventskalender
(24 Häuschen)**

Für das Shortbread

300 g Mehl (Type 405) +
  etwas für die Arbeitsfläche
90 g Puderzucker
50 g Speisestärke
190 g Butter, kalt
Mark von 1 Vanilleschote

Für den Guss

250 g Puderzucker + 1 EL
3 – 4 EL Sahne

1 Für das Shortbread Mehl, Puderzucker und Speisestärke mischen, Butter in Stückchen und Vanillemark zufügen und alles gut verkneten. Den Teig in Frischhaltefolie wickeln und 30 Minuten kalt stellen.

2 Den Teig auf der bemehlten Arbeitsfläche 5 mm dick ausrollen. Für die Häuschen jeweils 2 gleich große gleichschenklige Dreiecke (Basis: 1,5 cm, 2 Schenkel: 3 cm) und als Dach 2 gleich große Rechtecke (1,5 cm x 3 cm) ausschneiden; achte darauf, dass die Seitenlängen der Rechtecke jeweils zu den Dreiecken passen (siehe Foto).

3 Den Backofen auf 170 °C Ober- und Unterhitze vorheizen. Das Shortbread 10 – 12 Minuten backen, bis die Ränder leicht braun werden. Herausnehmen und auskühlen lassen.

4 In der Zwischenzeit Puderzucker und Sahne glatt rühren, sodass eine zähflüssige Masse entsteht. Den Zuckerguss in einen Spritzbeutel füllen.

5 Auf die beiden langen Schenkel der Shortbread-Dreiecke Guss auftragen. Ein Rechteck auf die Arbeitsfläche legen und die Dreiecke ankleben. Anschließend das zweite Rechteck auf die andere Seite kleben. Trocknen lassen und als Häuschen aufstellen. Die Häuschen nach Belieben dekorieren, befüllen und mit Puderzucker bestäuben.

Stollenkonfekt
MIT CRANBERRYS

*Tradition einmal anders: Für all die „Jingle Ladies"
brezelt sich die alljährliche Weihnachtsbegleitung
einmal ganz besonders auf. Konfekt? Perfekt!*

*Der besten Freundin
Danke sagen*

Für 60 Stück

Für die Füllung

50 g gehackte Pistazien
150 g getrocknete
  Cranberrys
4 EL Rum
1 TL Zimt

Für den Teig

300 g Mehl (Type 405) +
  etwas für die Arbeitsfläche
1 EL Backpulver
1 Msp. Salz
100 g Butter
80 g Zucker
140 g Quark (Magerstufe)
100 g Marzipanrohmasse

Außerdem

50 g flüssige Butter
100 g Puderzucker

1 Für die Füllung alle Zutaten vermengen, abdecken und mindestens eine Stunde ziehen lassen.

2 Den Backofen auf 180 °C Ober- und Unterhitze vorheizen. Für den Teig Mehl, Backpulver und Salz mischen. Butter und Zucker schaumig schlagen. Quark und Mehlmischung zugeben und alles zu einem Teig verkneten.

3 Den Teig auf der bemehlten Arbeitsfläche 5 mm dick ausrollen. Die Füllung in die Mitte geben, den Teig zuklappen und die Füllung einkneten. Den Teig in vier Teile teilen. Die Teile jeweils zu einem 30 cm x 5 cm großen Rechteck ausrollen.

4 Marzipanrohmasse in vier Teile teilen. Die Teile jeweils zu einer 30 cm langen Rolle formen. Marzipan jeweils in die Mitte der Teigrechtecke legen und mit Teig umschließen. Die Teigrollen in 2 cm breite Scheiben schneiden.

5 Das Stollenkonfekt auf ein mit Backpapier belegtes Backblech legen und 10–15 Minuten goldbraun backen. Sofort nach dem Backen mit flüssiger Butter bepinseln und in Puderzucker wälzen.

Cookie-Herzen

Zuckersüße Herzen für all die lieben Krümelmonster, die bei dem Anblick leckerster Schoko-Cookies wild mit den Augen rollen und sich auf die crunchigen Kekse stürzen.

Für liebste
Krümelmonster

1 Den Plätzchenteig vorbereiten, in Frischhaltefolie wickeln und kalt stellen.

1 Für den Cookie-Teig Butter mit braunem und weißem Zucker cremig rühren. Mehl, Natron, Backpulver und Salz zufügen und die Zutaten zu einer homogenen Masse verrühren. Schokolade grob hacken und unterheben.

2 Den Backofen auf 180 °C Umluft vorheizen. Den Plätzchenteig dünn ausrollen und in 5 mm breite Streifen schneiden. Die Streifen zu Herzen formen und auf ein mit Backpapier ausgelegtes Backblech legen. Jeweils in die Mitte der Herzen je nach Größe ca. 1 TL Cookie-Teig geben. Die Herzen etwas plattdrücken. 10 – 15 Minuten goldbraun backen. Auskühlen lassen.

Für 50 Stück

1 Grundrezept Plätzchenteig
  (siehe S. 12)

Für den Cookie-Teig

140 g Butter, weich
80 g brauner Zucker
80 g weißer Zucker
180 g Mehl (Type 405)
½ TL Natron
½ TL Backpulver
1 Msp. Salz
120 g Zartbitterschokolade

73

Für Lieblings-Menschen

MARZIPAN – CHARLOTTE

*Das cremig-süße Winterwunderland auf dem
Kuchenteller versprüht an klirrend kalten Tagen eine
magische Atmosphäre.*

Für 12 Stücke

Für die Kekse

130 g Zucker
270 g Mehl (Type 405)
1 TL Backpulver
1 Msp. Salz
1 Ei
100 g Marzipanrohmasse
130 g Butter

Für die Böden

6 Eier
120 g Zucker
Mark von ½ Vanilleschote
200 g Mehl (Type 405)
50 g Speisestärke
1 Msp. Backpulver
150 g Marzipanrohmasse

Für die Beerenmousse

250 g Himbeeren (TK)
3 Blatt Gelatine
1 Eiweiß
40 g Zucker
100 g Sahne
1 EL Punschgewürz

1 Für die Kekse trockene Zutaten und Ei vermengen und mit geriebenem Marzipan und Butterwürfeln verkneten. In Frischhaltefolie wickeln und 30 Minuten kalt stellen. Den Backofen auf 180 °C Ober- und Unterhitze vorheizen. Den Teig dünn ausrollen, Häuschen ausstechen und auf ein mit Backpapier ausgelegtes Backblech legen. 10 – 15 Minuten goldbraun backen.

2 Für die Böden Eier mit Zucker und Vanillemark cremig schlagen. Mehl, Stärke und Backpulver mischen, sieben und in drei Teilen unterheben. Marzipan reiben und unterheben. Den Teig in eine gefettete Springform (ø 20 cm) füllen und 30 – 45 Minuten backen. Auskühlen lassen. Waagerecht in drei Böden schneiden, der untere Boden ist etwas dicker.

3 Für die Mousse Beeren mit 1 TL Wasser weich kochen, pürieren, durch ein Sieb streichen. Gelatine in kaltem Wasser einweichen. 150 g Beerenpüree in einem Topf erhitzen, Gelatine ausdrücken und einrühren. Abkühlen lassen. Eiweiß und Zucker sowie Sahne steif schlagen. Die Beeren unter den Eischnee heben, zum Schluss die Sahne unterheben. Den Springformrand um den unteren Boden legen, den Boden etwas aushöhlen. Mousse einfüllen. 2 Stunden kalt stellen.

4 Für den Krokant Mandeln in einer Pfanne rösten, Zucker zugeben und karamellisieren. Marzipan in Stücken mit den Mandeln vermengen. Auf Backpapier auskühlen lassen. In Stücke brechen.

5 Für die Creme Sahne, Zucker und Sahnesteif steif schlagen. Mit den restlichen Zutaten aufschlagen. Drei Viertel der Masse mit Krokant (bis auf 3–4 EL zum Dekorieren) mischen. Etwas Krokantcreme auf die Mousse streichen und den zweiten Boden aufsetzen. Darauf die restliche Krokantcreme verteilen und den dritten Boden aufsetzen. Die Torte 2 Stunden kalt stellen. Den Tortenring entfernen, die restliche Creme in einen Spritzbeutel mit französischer Sterntülle füllen und rundum auf die Torte spritzen. Mit Keksen und restlichem Krokant dekorieren.

Für den Krokant

150 g gehackte Mandeln
50 g Zucker
200 g Marzipanrohmasse

Für die Creme

500 g Sahne
200 g Zucker
2 Päckchen Sahnesteif
500 g Quark
1–2 Tropfen Bittermandelöl
1 EL Vanillezucker

VANILLEKIPFERL-TORTE

Weihnachtszeit ist Märchenzeit. Verwöhne deinen Märchenprinzen mit dieser fabelhaft vanillig-cremigen Torte.

Den Märchenprinz verwöhnen

Für 12 Stücke

Für die Vanillekipferl

150 g gemahlene Mandeln
130 g Mehl (Type 405)
60 g Zucker
4 EL Vanillezucker
1 Msp. Salz
1 Eigelb
140 g Butter
100 g Puderzucker

Für den Boden

200 g Vanillekipferl
60 g flüssige Butter

Für die Mousse

200 g weiße Schokolade
600 g Sahne
4 Eigelb
80 g Zucker
Mark von 1 Vanilleschote
1 Msp. Zimt
18 g Gelatinepulver
600 g Mascarpone

Außerdem

50 g Vanillekipferl
100 g Sahne
1 EL Vanillezucker

1 Den Backofen auf 180 °C Ober- und Unterhitze vorheizen. Für die Vanillekipferl alle Zutaten bis auf 2 EL Vanillezucker sowie den Puderzucker zu einem homogenen Teig verkneten. Den Teig auf der bemehlten Arbeitsfläche rollen und in gleich große Stücke schneiden. Die Stücke zu Kipferl formen, auf ein mit Backpapier ausgelegtes Backblech legen und 15 Minuten backen, bis die Spitzen leicht braun werden. Puderzucker und 2 EL Vanillezucker mischen und die abgekühlten Vanillekipferl darin wenden.

2 Für den Boden Vanillekipferl zerbröseln und mit der Butter mischen. Masse in eine Springform (ø 20 cm) drücken.

3 Für die Mousse Schokolade in einem Topf mit 250 g Sahne schmelzen. Eigelbe, Zucker, Vanille und Zimt einrühren und erhitzen. Gelatine in kaltem Wasser einweichen, ausdrucken und in die Schokomischung rühren. Abkühlen lassen. Die restliche Sahne steif schlagen. Mascarpone und Schokocreme unterheben. Die Masse auf den Boden geben. 4 Stunden kalt stellen.

4 Vor dem Servieren den Tortenring entfernen. 3–4 Vanillekipferl zerbröseln und am Tortenrand festdrücken. Sahne mit Zucker steif schlagen, in einen Spritzbeutel mit Sterntülle füllen und damit die Torte nach Belieben dekorieren. Mit Kipferln garnieren. Bis zum Servieren kalt stellen.

ELFEN-LIKÖR

Elf-Freunde müsst ihr sein! Wer weiß, wie erfolgreich Santa all den Weihnachtsstress ohne seine kleinen Helfer organisieren könnte? Prost, liebe Elfen!

Ein Drink für die Weihnachtselfen

1 Weiße Schokolade in einem Topf mit Sahne und Vanillemark erhitzen, bis die Schokolade geschmolzen ist. Puderzucker und Himbeeren zugeben. Die Masse pürieren und durch ein Sieb streichen. Erneut erwärmen und gut verrühren. Etwas abkühlen lassen.

2 Milch in die Masse einrühren. Wodka und Amaretto mischen und zugeben. Den Likör nochmals gut verrühren und mithilfe eines Trichters in sterile Flaschen füllen. Die Flaschen verschließen und im Kühlschrank aufrecht lagern.

Für 2 Flaschen à 700 ml

400 g weiße Schokolade
500 g Sahne
Mark von 1 Vanilleschote
180 g Puderzucker
100 g Himbeeren (TK)
800 ml Milch
350 ml Wodka
100 ml Amaretto

Frohe cheers Weihnachten

Für uns

Schneebedeckte Winterstarre? Ob Weihnachtsfeier oder Adventsbrunch – Anlässe zum gemeinsamen Schlemmen gibt es wie Schneeflocken im Gebirge. Der Winter ist eintönig und einsam? Von wegen! Winter ist, wenn du dir mit deinen Lieben Träume erfüllst.

STERN-KRÄUTERBROT

Winterliche Brotzeit. Dieser besondere Laib gehört besonders in der Vorweihnachtszeit auf jeden Adventsbrunchtisch.

Zum Adventsbrunch

Für 4 – 6 Portionen

Für den Teig

25 g Hefe
1 EL Honig
220 ml lauwarmes Wasser
1 TL Salz
50 ml Olivenöl + etwas
  zum Einreiben
500 g Dinkelmehl
  (Type 630)
1 Handvoll gehackte
  Petersilie

Für die Füllung

2 Knoblauchzehen
3 TL Petersilie
70 g Butter, weich
50 ml Olivenöl
1 TL Meersalz
1 TL Paprikapulver
½ TL Chiliflocken
100 g geriebener Mozzarella
100 g Parmesan + 20 g zum
  Bestreuen
1 Eigelb
1 EL Milch

1 Für den Teig Hefe mit Honig und lauwarmem Wasser vermengen und abgedeckt 5 Minuten ruhen lassen. Restliche Zutaten zugeben und ca. 10 Minuten zu einem homogenen Teig verkneten. Den Teig mit den Händen mit Olivenöl einreiben. Ca. 60 Minuten abgedeckt an einem warmen Ort gehen lassen.

2 Für die Füllung Knoblauch und Petersilie fein hacken. Butter und Olivenöl cremig verrühren, mit Knoblauch, Petersilie und Gewürzen vermischen. 30 Minuten ziehen lassen. Mozzarella und 100 g Parmesan vermengen.

3 Den Teig gut durchkneten und in drei Teile teilen. Die Teiglinge rund auf dieselbe Größe ausrollen. Den ersten Teigkreis auf ein mit Backpapier ausgelegtes Backblech legen und mit der Hälfte der Buttermasse bestreichen. Die Hälfte der Käsemischung darüber streuen. Den zweiten Teigkreis auflegen, mit der restlichen Butter bestreichen und dem restlichen Käse bestreuen. Den dritten Teigkreis auflegen. Das Brot mit dem Nudelholz etwas ausrollen, sodass die Teigkreise miteinander verbunden sind.

4 Mittig auf das Brot eine kleine Schüssel stellen (ø 4 – 5 cm). Von der Schüssel ausgehend rundherum 12 – 16 strahlenartige Streifen schneiden (es muss eine gerade Anzahl sein). Immer zwei Streifen entgegengesetzt nach außen verdrehen, bis alle Streifen gleichmäßig eingedreht sind. Das Brot 15 Minuten gehen lassen.

5 Den Backofen auf 180 °C Umluft vorheizen. Eigelb und Milch mischen. Das Brot damit einstreichen und mit dem restlichen Parmesan bestreuen. 30 – 40 Minuten backen.

Bratapfel-
Blechkuchen

Saftige Bratapfelfüllung mit Zimtcreme trifft auf knusprige Mandelstreusel – der Klassiker unter den Blechkuchen ist perfekt für die Weihnachtsfeier.

Für die Weihnachtsfeier

Für 20 Stücke

Für den Boden

520 g Mehl (Type 405)
150 g Zucker
300 g Butter
1 Msp. Zimt
120 g Haferflocken
50 g Mandelblättchen

Für die Creme

150 g Sahne
600 ml Milch
6 Eigelbe
130 g Zucker
2 EL Vanillezucker
90 g Speisestärke
2 TL Zimt
80 g Butter

Für die Äpfel

8 Äpfel
100 g gehackte Mandeln
2 TL Zimt
3 EL Zucker
2 EL Mehl

1 Den Backofen auf 180 °C Ober- und Unterhitze vorheizen. Für den Boden Mehl, Zucker, Butter und Zimt verkneten. Drei Viertel der Masse auf einem mit Backpapier ausgelegten Backblech (40 cm x 20 cm) verteilen und am Boden sowie am Rand andrücken. Den restlichen Teig mit den Haferflocken und Mandelblättchen krümelig verkneten. Die Streusel kalt stellen. Den Boden 10 Minuten backen.

2 Für die Creme Sahne und 500 ml Milch in einem Topf erhitzen. Restliche Milch mit Eigelben, Zucker, Speisestärke und Zimt verrühren. Die Sahnemilch, sobald sie kocht, vom Herd nehmen und die Eimischung unterrühren. Den Topf wieder auf die Herdplatte stellen und die Masse unter Rühren erhitzen, bis sie stark eindickt. Butter unterrühren und mit Frischhaltefolie abdecken, damit sich keine Haut bildet.

3 Die Äpfel schälen, vom Kerngehäuse befreien, in kleine Stücke schneiden und mit Mandeln, Zimt, Zucker und Mehl vermischen.

4 Die Creme auf den gebackenen Boden streichen, die Äpfel darauf verteilen und mit Streuseln bedecken. 40 Minuten backen, eventuell gegen Ende mit Alufolie abdecken. Auskühlen lassen.

Cheesecake-Brownies

Oh du süße Winterzeit! Welch ein Fest für den süßen Zahn! Mit diesen kleinen süßen Schokosternen schlägt das Herz der Tannenbaumschmücker ein wenig höher.

Zum Weihnachtsbaum-schmücken

1 Den Backofen auf 180 °C Umluft vorheizen. Schokolade und Butter mit dem Kakao schmelzen. Eier, Zucker und Vanille-zucker schaumig aufschlagen. Mehl, Mandeln und Salz mischen. Die Schokomasse unter die Eier rühren. Zum Schluss die Mehlmischung unterheben. Den Teig auf einem mit Backpapier ausgelegten Backblech (20 cm x 30 cm; alternativ Springform ø 26 cm) verteilen.

2 Für die Cheesecake-Creme Frischkäse, Crème fraîche, Zucker und Mehl verrühren. Eigelb und Ei verquirlen und unterheben. Die Creme auf dem Brownies-Teig verteilen. Nun wie bei einem Marmorkuchen mit einem Messer die beiden Teige marmorieren, dazu den Brownies-Teig leicht nach oben arbeiten; nicht rühren! Nach Belieben mit einem dünnen Holzstab ein Muster in den Teig ziehen.

3 Die Backofentemperatur auf 160 °C Umluft reduzieren. Eine kleine ofenfeste Form mit Wasser füllen und auf den Boden des Ofens stellen. Die Brownies 30–40 Minuten backen. Die Oberseite sollte trocken sein, der Kuchen im Inneren aber noch weich. Auskühlen lassen und nach Belieben mit großen Plätz-chenausstechern ausstechen.

Für 20 Stücke

Für die Brownies

200 g dunkle Schokolade
175 g Butter
30 g Backkakao
3 Eier
225 g brauner Zucker
1 EL Vanillezucker
100 g Mehl (Type 405)
80 g gemahlene Mandeln
1 Prise Salz

Für die Creme

300 g Frischkäse (Doppel-rahmstufe)
2 EL Crème fraîche
80 g Zucker
30 g Mehl (Type 405)
1 Ei
1 Eigelb

Herzhafte Muffin-Häppchen

Herzhafte Ho-Ho-Häppchen sind eine willkommene Abwechslung in der süßesten Zeit des Jahres. Diese Muffins sind ein Muss auf jeder Nikolausparty.

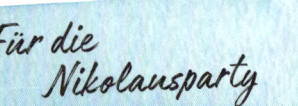

Für die Nikolausparty

Für 12 Muffins oder 24 Mini-Muffins

Für den Teig

15 g Hefe
1 EL Honig
150 ml lauwarmes Wasser
300–350 g Mehl (Type 550)
1 TL Meersalz
40 ml Olivenöl

Für die Mozzarella-Füllung

50 g Tomatenmark
50 ml warmes Wasser
1 EL Olivenöl
1 TL Oregano
1–2 TL Salz
½ TL Puderzucker
1 TL Knoblauchpulver
½ TL Chilipulver
6 kleine Mozzarellakugeln
6 Kirschtomaten

Für die Crème-fraîche-Füllung

1 Ei
100 g Crème fraîche
70 g geriebener Gouda
1 EL gehackte Petersilie
½ TL Thymian
je 1 TL Salz und Pfeffer

Außerdem

50 geriebener Mozzarella
50 g geriebener Parmesan

1 Für den Teig Hefe und Honig cremig rühren, lauwarmes Wasser zufügen und weiterrühren, bis die Hefe sich vollständig aufgelöst hat. Abgedeckt 10 Minuten ruhen lassen. Mehl, Salz und Olivenöl zufügen und alles zu einem homogenen Teig verkneten; falls der Teig zu klebrig ist, mehr Mehl zugeben. Den Teig mit den Händen mit Öl einreiben und noch einmal kurz durchkneten, sodass der gesamte Teig mit Olivenöl bedeckt ist. In der Schüssel abgedeckt 40 Minuten gehen lassen.

2 Für die Tomate-Mozzarella-Füllung alle Zutaten außer Tomaten und Mozzarella verrühren. Abschmecken und beiseitestellen. Tomaten halbieren. Für die Crème-fraîche-Füllung alle Zutaten verquirlen. Abschmecken.

3 Den Backofen auf 250 °C Umluft vorheizen. Den Teig in 12 Teile teilen. Das Muffinblech fetten und leicht mit Mehl ausstäuben. Die Teiglinge in die Mulden drücken, am Rand den Teig leicht hochziehen. Sechs Muffins mit Tomatensauce, zwei halben Tomaten und einem Mozzarellabällchen füllen. Die anderen sechs Muffins mit der Crème-fraîche-Masse befüllen. Die Muffins mit geriebenem Mozzarella und Parmesan bestreuen und 8–10 Minuten backen.

Tipp
Die Muffins schmecken auch kalt hervorragend.

Punsch-Handpies

„Flocken wirbeln, Frost, der kracht ..." Mit diesen Handpies mit Kirsch-Marzipan-Füllung seid ihr gerüstet für die nächste Schlittenfahrt oder Schneeballschlacht.

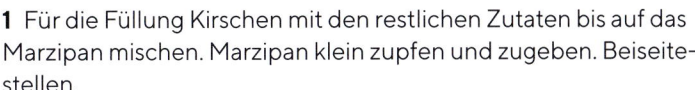

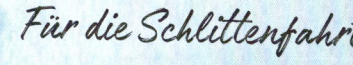
Für die Schlittenfahrt

1 Für die Füllung Kirschen mit den restlichen Zutaten bis auf das Marzipan mischen. Marzipan klein zupfen und zugeben. Beiseitestellen.

2 Für den Teig Mehl, Salz und Zucker vermischen. Butter in Stückchen zugeben und die Zutaten schnell verkneten. So viel Wasser zufügen, bis ein gut knetbarer Teig entsteht. Den Teig in Frischhaltefolie wickeln und 1 Stunde kalt stellen.

3 Den Backofen auf 170 °C Ober- und Unterhitze vorheizen. Den Teig auf der bemehlten Arbeitsfläche 2 mm dick ausrollen. Pro Pie 2 Kreise (ø 7 cm) ausstechen. In die Mitte eines Teigkreises ca. 1 TL Füllung geben. Den zweiten Teigkreis mittig auflegen und mit einer Gabel den Rand andrücken. Den oberen Teigkreis in der Mitte kreuzförmig einschneiden.

4 Eigelb und Milch verquirlen. Die Pies damit einpinseln und mit braunem Zucker bestreuen. 20–25 Minuten goldbraun backen. Auskühlen lassen.

Für 25–30 Stück

Für die Füllung

100 g Kirschen (TK)
60 g Zucker
1 TL Zimt
1 Msp. gemahlener
 Kardamom
1 EL Mehl
50 g Marzipan

Für den Teig

260 g Mehl (Type 405) +
 etwas für die Arbeitsfläche
1 Msp. Salz
60 g Zucker
230 g Butter, kalt
50 ml Wasser

Außerdem

1 Eigelb
1 EL Milch
2 EL brauner Zucker

91

es schneit es schneit

Schneeballtorte

Frisch gefallener Schnee sieht einfach zum Reinbeißen aus. Geschmacklich aufregender ist diese Schneeballtorte mit sahnig gefüllten Windbeuteln und frischer Quarkcreme.

Für 20 Stücke

Für den Brandteig

110 g Butter
200 ml Wasser
1 Prise Salz
4 Eier
150 g Mehl (Type 405)

Für die Creme

250 g Sahne
1 Päckchen Sahnesteif
50 g Puderzucker
150 g Frischkäse
  (Doppelrahmstufe)
¼ Tonkabohne, gerieben

Für die Tortenfüllung

Saft und Abrieb von
 3 Bio-Zitronen
150 g Zucker
15 g Gelatinepulver
300 g Sahne
600 g Quark (Magerstufe)

Außerdem

Puderzucker zum Bestäuben

1 Für den Teig Butter, Wasser und Salz in einem Topf langsam erhitzen. In der Zwischenzeit Eier verquirlen. Sobald die Butter geschmolzen ist, die Flüssigkeit kurz aufkochen, dann den Topf vom Herd nehmen. Mehl einrühren, sodass ein seidiges Teigbällchen entsteht. Unter ständigem Rühren erhitzen. Sobald der Teig leicht am Topfboden haftet, von der Herdplatte nehmen. Ein Drittel der Eier unterrühren, dann nach und nach das restliche Ei, bis die Masse zähflüssig ist.

2 Den Backofen auf 200 °C Ober- und Unterhitze vorheizen. Ein Drittel des Teigs in eine mit Backpapier ausgelegte Springform (ø 24 cm) füllen. 12 – 18 Minuten goldbraun backen. Auskühlen lassen.

3 Den restlichen Teig in einen Spritzbeutel füllen und in Tupfen auf ein mit Backpapier ausgelegtes Blech spritzen. Mit dem restlichen Ei bepinseln. 10 Minuten backen, die Temperatur auf 180 °C reduzieren und weitere 10 Minuten backen. Die Windbeutel seitlich mit einem Stäbchen einstechen. Herausnehmen und auskühlen lassen.

4 Für die Creme Sahne mit Sahnesteif und Puderzucker steif schlagen. Frischkäse und Tonkabohne unterheben. Mit dem Spritzbeutel in die Windbeutel spritzen. Kalt stellen.

5 Für die Tortenfüllung Zitronensaft, -abrieb und Zucker in einem Topf erhitzen. Gelatine in etwas kaltem Wasser quellen lassen und einrühren. Sahne steif schlagen und die Zitronenmasse zugeben. Quark einrühren. Den Springformrand um den Boden legen und ein Drittel der Creme auf dem Boden verteilen. Darauf die Windbeutel setzen. Mit der restlichen Creme bedecken. Vier Stunden kalt stellen. Mit Creme und Windbeuteln dekorieren und mit Puderzucker bestäuben.

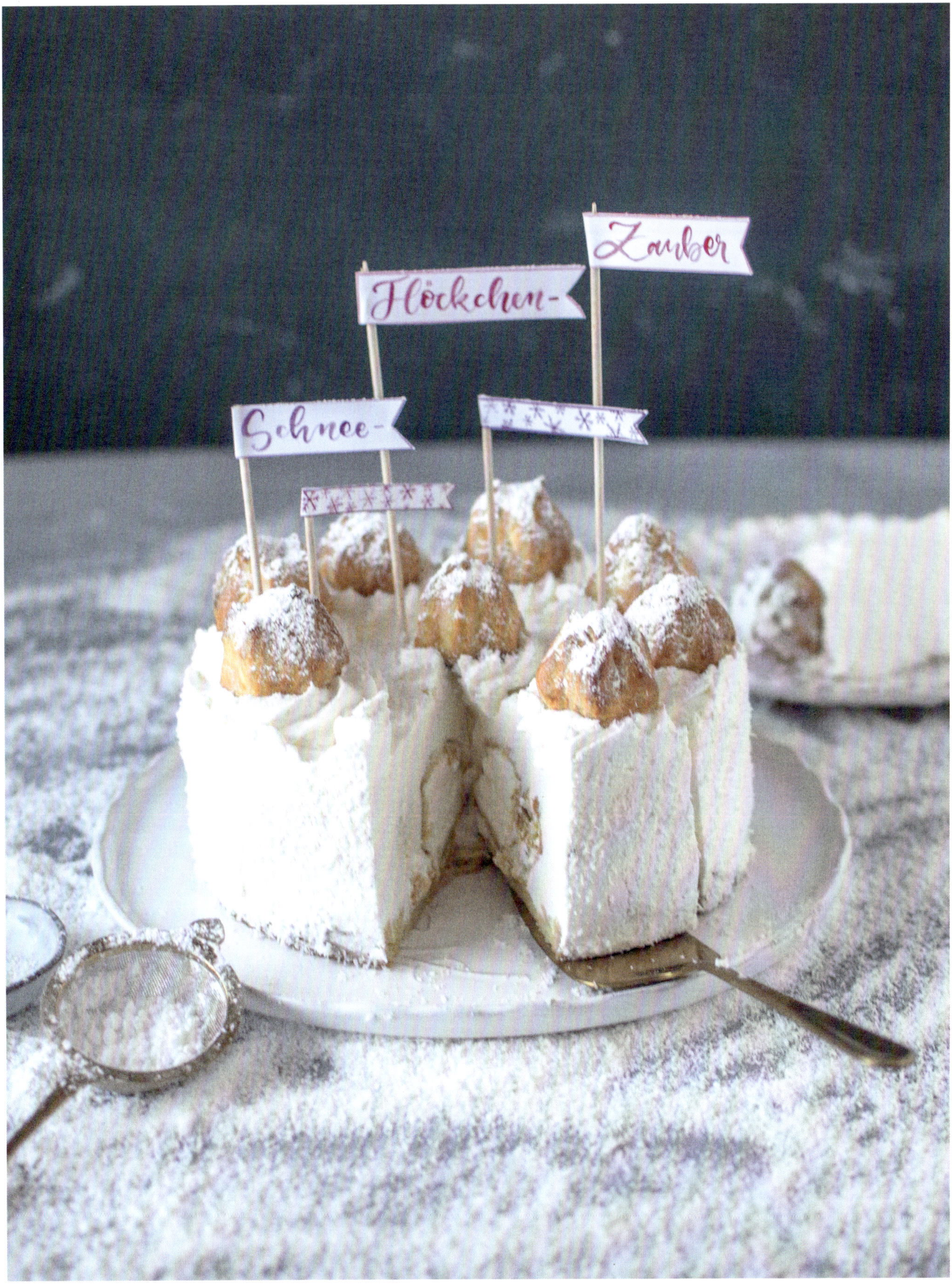
Schnee-
Flöckchen-
Zauber

BRATAPFEL-CHIPS

„Wenn ich aufgestanden bin, lauf' ich schnell zum Teller hin ..." Damit wir während der weihnachtlichen Schlemmerzeit fit und schlank bleiben, gibt's zwischendurch die Apfelchips als leichte Knusperalternative.

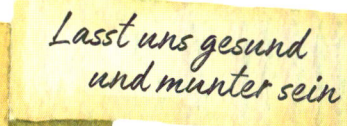

Lasst uns gesund und munter sein

1 Den Backofen auf 70 °C vorheizen. Äpfel gut waschen und in sehr (1–2 mm) dünne Scheiben schneiden. Die Kerne vorsichtig entfernen. Die Apfelscheiben auf ein mit Backpapier ausgelegtes Blech oder den Rost nebeneinander legen, nicht überlappen.

2 Die Gewürze vermischen und im Mixer kurz pürieren. Die Mischung über die Apfelscheiben streuen.

3 Die Apfelscheiben 2–3 Stunden im Ofen trocknen, dabei einen Holzlöffel in die Ofentür klemmen, damit sie einen Spalt offen bleibt und die Feuchtigkeit entweichen kann. Die Apfelscheiben nach der Hälfte der Zeit wenden.

4 Nach der Trockenzeit den Ofen abschalten und die Chips im Ofen auskühlen lassen, damit sie knusprig werden.

Für 2 Backbleche

2–3 Äpfel (ca. 300 g)
1 TL Zimt
½ TL Vanillemark
1 Prise gemahlener Ingwer

95

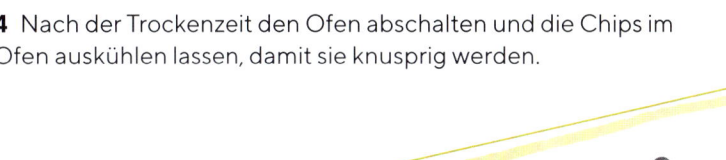

GRANATAPFEL-SIRUP
••• & DRINK •••

*Wir laden die Nachbarn zu einem bittersüßen
Weihnachtstrunk ein. Geschmacklich lässt sich der
Drink mehr oder weniger süß zubereiten –
und sowohl mit als auch ohne Alkohol.*

*Weihnachtsgruß
für die Nachbarn*

1 Für den Sirup die Kerne aus den Granatäpfeln lösen, pürieren, aufkochen und durch ein Sieb streichen. Die Flüssigkeit mit Zucker und Zitronensaft, Sternanis und Zimtstangen in einem Topf 1 Stunde bei niedriger Temperatur köcheln lassen, gelegentlich umrühren. In sterilisierte Flaschen füllen und luftdicht verschließen. Hält sich einige Wochen im Kühlschrank.

2 Für den Drink Sirup, Weinaperitif und Sprudelwasser vermischen. Je 2 – 3 Eiswürfel in ein Glas geben und mit dem Getränk aufgießen. Die Kerne aus dem Granatapfel lösen und jeden Drink nach Belieben damit dekorieren.

Für 2 Flaschen Sirup à 300 ml

4 Granatäpfel
350 g Zucker
Saft von 1 Zitrone
4 Stück Sternanis
2 Zimtstangen

97

Für 4 – 6 Drinks

200 ml Granatapfelsirup
1 Flasche Weinaperitif
  (z. B. Lillet Blanc)
600 ml Sprudelwasser
Eiswürfel nach Belieben
1 Granatapfel

Tipp
Für eine alkoholfreie
Variante den Weinaperitif
durch Zitronenlimonade
ersetzen.

LACHS IM STERNENKLEID

Es muss nicht immer der Weihnachtskarpfen sein.
Wenn ihr am Weihnachtsabend Fisch genießen
wollt, probiert doch mal den Lachs im Blätterteig mit
pikanter Pilz-Spinat-Füllung.

*Weihnachtsessen
mal anders*

98

Für 4–6 Portionen

2 Zwiebeln
2 Knoblauchzehen
200 g Champignons
2 EL Olivenöl
2 EL Mehl
300 g Crème fraîche
1 TL Rosmarin
1 TL Thymian
1 EL Basilikum
1 Msp. geriebene Muskat-
　nuss
1 TL Salz
2 TL schwarzer Pfeffer
30 g Butter
200 g frischer Spinat
2 Päckchen Blätterteig
　(Kühlregal)
800 g Wildlachsfilet
1 Eigelb
1 EL Milch
30 g geriebener Parmesan
2–3 Zweige Thymian

1 Zwiebeln und Knoblauch fein hacken, Pilze in Scheiben schneiden. Olivenöl in einer Pfanne erhitzen und die Hälfte von Zwiebeln und Knoblauch sowie die Pilze darin anschwitzen. Mehl darüber stäuben und kurz rösten. 1 EL Crème fraîche zufügen und mit den Kräutern, Muskatnuss, Salz und Pfeffer würzen. Auskühlen lassen.

2 In einer zweiten Pfanne Butter erhitzen und die restlichen Zwiebeln sowie den restlichen Knoblauch darin anschwitzen. Spinat und die restliche Crème fraîche zufügen und kurz dünsten. Abkühlen lassen.

3 Den Backofen auf 180 °C Ober- und Unterhitze vorheizen. Einen 4 cm breiten Streifen Blätterteig abschneiden und daraus Sterne o.Ä. zur Dekoration ausstechen. Die restlichen Blätterteigplatten der Länge nach jeweils 2 cm überlappend übereinanderlegen und ca. 20 cm x 30 cm groß ausrollen. Den Lachs in die Mitte legen, Pilz- und Spinatmasse auf dem Lachs verteilen und die Teigränder überschlagen.

4 Den Teig an der Oberseite längs und quer einschneiden. Mit den Sternen dekorieren. Eigelb und Milch verquirlen und den Teig damit einpinseln. Mit Parmesan bestreuen und mit 2–3 Thymianzweigen belegen. 40–50 Minuten backen. Sofort servieren.

ROTKOHL-TARTE

Weihnachten und Rotkohl – ein traditionsreiches Duett.
Die Rotkohltarte ist eine kreative Variation des Themas und perfekt
für deine vegetarischen Freunde geeignet.

Für 4–6 Portionen

Für den Teig

300 g Mehl (Type 550)
150 g Butter
75 g geriebener Parmesan
1 TL gehackter Thymian
2–3 EL Crème fraîche
1 Eigelb und 1 EL Milch

Für die Füllung

500 g Rotkohl
2–3 rote Zwiebeln
1 kleiner Apfel
75 g Butter
1 EL Mehl
100 ml roter Traubensaft
100 ml Gemüsebrühe
1 EL Aceto Balsamico
1 EL Zucker
1–2 TL gehackter Thymian
1–2 Lorbeerblätter
1 Prise Zimt

Für die Sauce

75 g geriebener Mozzarella
2 Eier
100 g Sahne
2–3 Zweige Thymian
100 g Feta, gewürfelt
50 g Walnüsse, grob gehackt

1 Für den Teig Mehl, Butter, Parmesan und Thymian, 1 TL Salz und 1 Prise Pfeffer verrühren. Nach und nach Crème fraîche unterrühren, bis ein homogener nicht zu „matschiger" Teig entsteht. Kurz ruhen lassen. Den Teig zwischen zwei Lagen Frischhaltefolie ausrollen und in eine gefettete Tarteform (ø 26 cm) geben. 1 Stunde kalt stellen. Aus dem überstehenden Teig kleine Plätzchen ausstechen.

2 Für die Füllung Rotkohl in dünne Streifen, Zwiebeln in Ringe schneiden, den Apfel schälen, vom Kerngehäuse befreien und in Stücke schneiden. Butter in einer Pfanne erhitzen, Zwiebeln darin anschwitzen, Mehl zugeben und rösten. Rotkohl und Apfel zugeben und anschwitzen. Mit Saft, Brühe und Essig ablöschen, Gewürze, Kräuter sowie je 1 TL Salz und Pfeffer zugeben. 45 Minuten köcheln lassen. Lorbeerblätter entfernen.

3 Den Backofen auf 180 °C Umluft vorheizen. Die Hälfte des Mozzarellas auf den Teig geben. Die Kohlmasse darauf verteilen. Für die Sauce Eier, Sahne, restlichen Mozzarella und 1 TL Pfeffer verrühren und über den Kohl geben. Die Tarte 15 Minuten backen. Aus dem Ofen nehmen und mit den Plätzchen belegen. Eigelb und Milch verquirlen. Die Plätzchen und den Rand damit bepinseln. Thymianzweige auflegen, Feta und Walnüsse darüber streuen. 15–20 Minuten fertig backen.

Tiramisu-Parfait

*Ein erfrischendes und belebendes Dessert zum
Abschluss eines gelungenen Familiendinners –
dieser Alleskönner besticht durch beeindruckenden
Geschmack und Langzeiteffekt!*

Für die Familienfeier

Für 8–10 Portionen

Für das Löffelbiskuit

3 Eier, getrennt
60 g Zucker
70 g Mehl (Type 405)
1 Msp. Backpulver
2 EL Puderzucker

Für das Parfait

4 Eigelb
400 g Sahne
130 g Zucker
1 TL Speisestärke
300 g Mascarpone
200 ml Espresso, kalt

Außerdem

150 g Sahne
1 EL Puderzucker
2 EL Backkakao

1 Für das Löffelbiskuit Eiweiße mit Zucker sehr steif schlagen. Eigelbe luftig aufschlagen. Mehl und Backpulver sieben. Eischnee und Mehl abwechselnd unter das Eigelb heben. Die Masse in einen Spritzbeutel mit großer Lochtülle füllen und 25 Streifen auf Backpapier spritzen. Mit etwas Puderzucker bestreuen. 15 Minuten ruhen lassen. Den Ofen auf 170 °C Umluft vorheizen. Löffelbiskuit 10–15 Minuten goldbraun backen, nochmals etwas mit Puderzucker bestreuen.

2 Für das Parfait Eigelbe, 200 g Sahne, Zucker und Speisestärke in einem Topf unter Rühren erhitzen, bis die Masse leicht eindickt. Auskühlen lassen. Restliche Sahne steif schlagen, unter die Mascarpone heben. Zum Schluss die Eigelbmasse sowie 80 ml Espresso unterheben.

3 Eine Kastenform mit Frischhaltefolie auskleiden. Etwas Parfaitmasse einfüllen. Löffelbiskuit mit etwas Espresso tränken und eine Schicht Löffelbiskuit auf der Masse verteilen. Darauf die Hälfte der restlichen Parfaitmasse streichen. Erneut mit getränktem Löffelbiskuit bedecken und die restliche Parfaitmasse darauf verteilen. Mindestens 6 Stunden in den Gefrierschrank stellen.

4 Sahne mit Puderzucker steif schlagen. In einen Spritzbeutel mit Lochtülle füllen. Das Parfait vorsichtig auf einen Teller oder ein Brett stürzen. Mit der Sahne dekorieren und mit Kakao bestreuen. Sofort servieren oder erneut in den Gefrierschrank stellen.

Tipp
Der Pavlovakranz bleibt am besten in Form, wenn du ihn direkt auf dem Back-papier auf den Servierteller setzt und dekorierst. So bleiben auch die Krümel, wo sie sein sollen.

PAVLOVA-KRANZ

Weihnachten auf Neuseeländisch. Dieser fruchtig-sahnige Baiserkranz zaubert mit Weiß, Grün und Rot die klassischen Weihnachtsfarben auf den Tisch. Eine schöne Bescherung!

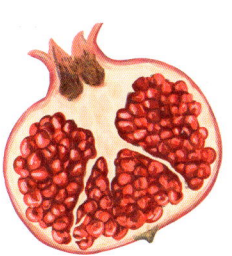

Für große Weihnachts-gefühle

1 Die Rührschüssel mit der Zitronenscheibe ausreiben. Für das Baiser Eiweiße in die Schüssel geben und leicht aufschlagen, dabei den Zucker einrieseln lassen. Auf höchster Geschwindigkeit steif schlagen, bis sich weiße Spitzen formen. Wenn der Zucker aufgelöst ist, Apfelweinessig, Speisestäke und Salz unterrühren. Den Backofen auf 100 °C Umluft vorheizen. Die Baisermasse löffelweise kreisrund auf ein mit Backpapier ausgelegtes Backblech geben. In jeden Baiserklecks mit dem Esslöffel eine Mulde drücken. Den Kranz 60–80 Minuten im Ofen trocknen. Ofen ausschalten und die Pavlova im geschlossenen Ofen auskühlen lassen.

2 Für die Creme Sahne mit Sahnesteif und Zucker steif schlagen. Joghurt unterheben.

3 Für die Sauce 100 g Himbeeren und Saft mit dem Zucker aufkochen, pürieren, durch ein Sieb streichen und erneut aufkochen. Speisestärke mit etwas Wasser glatt rühren und in die kochende Flüssigkeit einrühren. Kochen lassen, bis die Masse eindickt. Die restlichen Himbeeren zugeben.

4 Den Pavlova-Kranz mit der Creme befüllen, mit Sauce sowie Granatapfelkernen und Pistazien dekorieren und sofort servieren.

Für 6–8 Portionen

Für das Baiser

1 Zitronenscheibe
5 Eiweiß
270 g feinster Zucker
1 TL Apfelweinessig
1 TL Speisestärke
1 Msp. Salz

Für die Creme

300 g Sahne
1 Päckchen Sahnesteif
2 EL Vanillezucker
150 g Naturjoghurt
  (3,5% Fett)

Für die Sauce

200 g Himbeeren (TK)
50 ml Maracujasaft
30 g Zucker
1 TL Speisestärke

Außerdem

50 g gehackte Pistazien
Kerne von 1 Granatapfel

LEBKUCHEN - Waffeltorte

Fluffige Waffeln mit Lebkuchenaroma treffen auf schokoladige Frischkäsecreme. Diese Waffeltorte schlägt jeden Frostfrust und macht die Weihnachtstafel festlich.

Für 14 Stücke

Für die Waffeln

170 g Mehl (Type 405)
100 g gemahlene Mandeln
50 g Zucker, nach Belieben
1 EL Vanillezucker
1 TL Backpulver
1 Prise Salz
2 Eier
80 g Butter
320 ml Milch
1 EL Backkakao
1 EL Lebkuchengewürz

Für die Creme

250 g Sahne
60 g Zucker
1 EL Vanillezucker
1 TL Lebkuchengewürz
1 Päckchen Sahnesteif
200 g Frischkäse (Doppel-
   rahmstufe)
40 g Backkakao
100 g Schokosplitter

1 Für die Waffeln Mehl, Mandeln, Zucker, Vanillezucker, Backpulver und Salz mischen. Eier schaumig schlagen. Butter schmelzen und mit den Eiern vermischen. Abwechselnd die Mehlmischung und die Milch unterrühren. Kakao und Lebkuchengewürz in die Masse geben und gut verrühren. Das Waffeleisen auf die höchste Stufe vorheizen. Die Waffeln ausbacken und abkühlen lassen.

2 Für die Creme Sahne mit Zucker, Vanillezucker, Lebkuchengewürz und Sahnesteif steif schlagen. Den Frischkäse einrühren. 3 EL Creme in einen Spritzbeutel mit Sterntülle füllen und beiseitestellen. Die restliche Creme mit dem Kakao verrühren. Zum Schluss 80 g Schokosplitter unterheben.

3 Die Waffeln jeweils mit Creme bestreichen und übereinanderschichten. Die Torte mit der Creme im Spritzbeutel dekorieren und mit den restlichen Schokosplittern bestreuen. Bis zum Servieren kalt stellen.

Zweierlei Punsch

„Sweet is the Punsch." Wärmend wirken diese würzig-süßen Weihnachtsdrinks. Je nachdem, ob mit oder ohne Alkohol zubereitet, schmecken sie Groß und Klein.

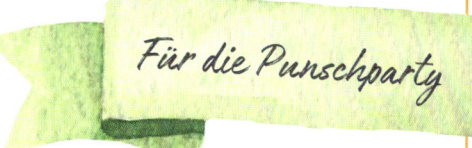

Für die Punschparty

1 Für den Apfelpunsch den Apfel in Scheiben schneiden, die Kerne entfernen. Aus den Scheiben Sterne ausstechen. Den Apfelsaft in einem großen Topf mit Zimtstange, Apfelsternen und Punschgewürz langsam aufkochen und 30 Minuten köcheln lassen. In der Zwischenzeit Sahne mit Apfelpunschgewürz steif schlagen. Den Apfelpunsch in Gläser füllen und mit der Sahne dekorieren.

2 Für den Beerenpunsch die Orangen heiß abwaschen und in Scheiben schneiden. Saft und Rotwein oder Traubensaft, Orangenscheiben und Gewürze in einem Topf vermischen und ziehen lassen. Vor dem Servieren erhitzen. In Gläser füllen und mit einer Orangenscheibe heiß servieren.

Für den Apfelpunsch

1 Apfel
1 l naturtrüber Apfelsaft
1 Zimtstange
3–4 EL Punschgewürz
  (siehe S. 20)
250 g Sahne
1 EL Apfelpunschgewürz

Für den Beerenpunsch

2 Bio-Orangen
500 ml Johannisbeersaft
500 ml Rotwein oder
  Traubensaft
2 EL Punschgewürz
  (siehe S. 20)
1 Zimtstange
2 Stück Sternanis

109

Karls Tipp
Du kannst den Apfelpunsch mit einem Schuss Amaretto verfeinern.

Die Reste vom Fest

Plätzchen, Nüsse, Schokolade – irgendwas bleibt
immer übrig. Verwende die Reste, um daraus neue
Köstlichkeiten zu zaubern. Ideal zum Verschenken.

Plätzchen-Pralinen

1 Nougat und Kuvertüre in einem Topf schmelzen. Butter
einrühren. Die Plätzchen im Mixer sehr fein mahlen. Plätzchen-
brösel bis auf 2 EL mit der Schokomasse verrühren. Die Masse
auf Backpapier geben und auskühlen lassen.

2 Die Pralinenmasse mit einem Teelöffel portionieren und
zwischen den Händen zu Kugeln rollen. Die Kugeln anschließend in Kakao, Pistazien oder Keksbröseln wälzen. Abgedeckt
auf einem Teller 1 Stunde kalt stellen. Die Pralinen halten sich in
einem luftdicht verschlossenen Gefäß im Kühlschrank mehrere
Wochen.

Für 60 Stück

200 g Nussnougat
200 g weiße Kuvertüre
70 g Butter
200 g Plätzchenreste
  (z. B. Spekulatius)
1 EL Backkakao
2 EL gemahlene Pistazien

111

Schokoknusper

1 Kuvertüre in einem Topf schmelzen. Kokosfett einrühren.
Plätzchen im Mixer grob mahlen und mit den Nüssen in einer
großen Schüssel vermischen. Die Schokomasse zugeben und
alles gut vermengen.

2 Eine Springform oder ein kleines Blech mit Backpapier
auslegen. Die Masse darauf geben und flach drücken. Abgedeckt 2 Stunden kalt stellen. Mit einem scharfen Messer in
Streifen oder Quadrate schneiden. In einem luftdicht verschlossenen Gefäß aufbewahren.

Für 10 Stück

200 g Zartbitterkuvertüre
200 g Vollmilchkuvertüre
1 TL Kokosfett
100 g Nussmischung aus
  Mandeln, Walnüssen und
  Haselnüssen
100 g Plätzchen

Snack-Party

Es geht nichts über eine ungezwungene Silvesterparty.
Ein vielfältiges Büfett ist ideal, damit die Gäste im Stehen
oder Sitzen essen, tanzen und zum Feuerwerk
nach draußen gehen können.

Festlicher Jahresabschluss

Basilikum-Hummus

400 g Kichererbsen (Dose)
3 EL Olivenöl
2 EL Limettensaft
2 EL Tahini
1 Knoblauchzehe
1 Bund Basilikum
30 g Spinat

Alle Zutaten in einem hohen Gefäß mit dem Stabmixer grob pürieren. Wenn die Masse zu dickflüssig ist, etwas Wasser unterrühren. Abdecken und im Kühlschrank 1 Stunde ziehen lassen.

Eingelegter Mozzarella

2 Knoblauchzehen
2 Zweige Rosmarin
1 Handvoll Basilikum
150 g kleine Mozzarellakugeln
100 ml Olivenöl
1 TL Salz
1 TL grob gemahlener
   schwarzer Pfeffer

Knoblauch und Kräuter grob hacken. Mit den restlichen Zutaten in einer Schüssel vermengen. Abgedeckt ziehen lassen.

Ofengemüse

2 Paprikaschoten
100 g Kirschtomaten
1 Knoblauchknolle
50 ml Olivenöl
1 Handvoll Basilikum
1 TL Puderzucker
1 TL Salz

Den Backofen auf 220 °C Umluft vorheizen. Paprika von Samen und Scheidewänden befreien und in grobe Stücke schneiden. Paprika und Tomaten in eine Ofenform geben. Knoblauchknolle halbieren und mit den restlichen Zutaten zum Gemüse geben. 15 – 30 Minuten im Ofen backen.

Tipp
Eine Auswahl von
4 – 6 Käsesorten, Pekan-
nüsse zum Knabbern,
frisches Baguette, Oliven
und natürlich süße Wein-
trauben machen das
Büfett komplett.

Geröstete Pilze

500 g Champignons
2 rote Zwiebeln
50 ml Olivenöl
2 Zweige Rosmarin
2 Zweige Thymian
1 TL schwarzen Pfeffer
1 TL Salz

Pilze halbieren, Zwiebeln
achteln. Beides in einer
Pfanne mit Olivenöl rösten.
Kräuter und Gewürze
zugeben.

Kräuterquark

500 g Quark (Magerstufe)
200 g Schmand
1 rote Zwiebel
Saft von 1 Zitrone
1 Knoblauchzehe
je 1 EL gehackte Petersilie, Dill
und Schnittlauch
1 TL Salz
1 TL schwarzer Pfeffer
1 TL Chiliflocken

Alle Zutaten in einer Schüssel verrühren und nach
Belieben abschmecken.

Chili-Grissini

15 g Hefe
130 ml lauwarmes Wasser
1 EL Zucker
1 Eiweiß
90 ml Olivenöl
1 TL Salz
320 – 350 g Mehl (Type 550)
1 EL Chiliflocken

Hefe, Wasser und Zucker
verrühren und kurz ruhen
lassen. Eiweiß, 60 ml
Olivenöl, Salz und Mehl
zugeben und verkneten.
Den Teig 30 Minuten gehen
lassen. Den Backofen auf
200 °C Umluft vorheizen.
Den Teig in 50 dünne
Streifen drehen. Grissini auf
ein mit Backpapier belegtes
Blech legen und 20 Minuten
backen. Restliches Olivenöl
und Chiliflocken mischen
und heiße Grissini damit
einpinseln.

Kräuter-Cracker

300 g Mehl (Type 550)
50 g geriebener Parmesan +
etwas zum Bestreuen
1 TL Salz
1 Eigelb
150 g Butter
1 TL Oregano
1 TL Thymian
1 TL Basilikum

Den Backofen auf 200 °C
Umluft vorheizen. Die
Zutaten zu einem Teig
verkneten. Den Teig ausrollen und Cracker ausstechen.
Die Cracker mit Parmesan
bestreuen, auf ein mit
Backpapier ausgelegtes
Backblech setzen und
12 – 15 Minuten goldbraun
backen.

115

Surprise Firework
CUPCAKES

Berliner und Krapfen waren gestern! Heute backst du als süßen Jahresabschluss Cupcakes mit bunter Füllung und Schoko-Feuerwerk.

Für 12 Stück

Für den Teig

80 g Butter
250 g Zucker
1 EL Vanillezucker
2 Eier
250 g Mehl (Type 405)
1 EL Backpulver
1 Msp. Salz
250 ml Buttermilch

Für das Topping

200 g weiße Kuvertüre
200 g Frischkäse (Doppel-rahmstufe)
1 EL Heidelbeerkonfitüre
200 g Sahne
1 Päckchen Sahnesteif
2 EL Puderzucker

Außerdem

100 g Mini-Schokolinsen
150 g weiße Kuvertüre
3 EL bunte Zuckerstreusel

1 Den Backofen auf 180 °C Ober- und Unterhitze vorheizen. Für den Teig Butter, Zucker und Vanillezucker verrühren. Eier nach und nach zufügen und die Masse schaumig schlagen. Mehl, Backpulver und Salz mischen. Buttermilch und Mehlmischung abwechselnd zum Teig geben und alles gut verrühren. Den Teig auf 12 Muffinformen verteilen. Die Muffins 18 – 25 Minuten backen. Garprobe machen und auskühlen lassen.

2 Für das Topping Kuvertüre schmelzen, etwas abkühlen lassen und mit Frischkäse und Konfitüre verrühren. Sahne mit Sahnesteif und Puderzucker steif schlagen und unterheben. Das Topping in einen Spritzbeutel mit Sterntülle füllen und kalt stellen.

3 Mit einem Messer ein Loch in die Mitte der Cupcakes schneiden und die Cupcakes mit Schokolinsen füllen. Den ausgeschnittenen Deckel aufsetzen und andrücken. Mit Topping dekorieren und mindestens 1 Stunde kalt stellen.

4 Für das Schokofeuerwerk weiße Kuvertüre schmelzen und dickflüssig abkühlen lassen. In einen Spritzbeutel füllen. Ein kleines Loch in den Spritzbeutel schneiden. Mit der Kuvertüre 12 „Feuerwerk"-Motive auf Backpapier spitzen, darauf achten, dass die Schokoladenbögen nicht zu dünn sind. Mit Zuckerstreuseln bestreuen und auskühlen lassen.

5 Vor dem Servieren die Cupcakes mit den restlichen Zuckerstreuseln bestreuen und mit einem „Schoko-Feuerwerk" dekorieren.

REGISTER

118

BUCHEMPFEHLUNGEN FÜR DICH

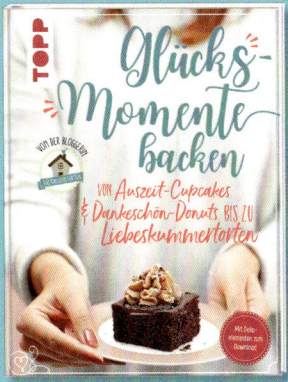

ISBN 978-3-7724-8047-8

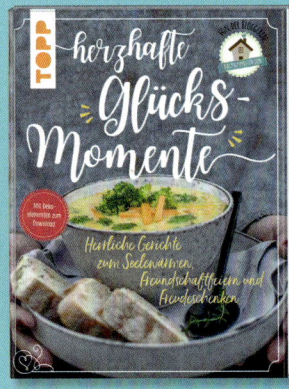

ISBN 978-3-7724-8058-4

ISBN 978-3-7724-8066-9

ISBN 978-3-7724-8050-8

ISBN 978-3-7724-8053-9

ISBN 978-3-7724-8051-5

ISBN 978-3-7724-8055-3

ISBN 978-3-7724-8065-2

ISBN 978-3-7724-8052-2

... NOCH MEHR KREATIVE BÜCHER ZUM GLEICHEN THEMA GESUCHT?

ISBN 978-3-7724-7897-0

ISBN 978-3-7724-8059-1

ISBN 978-3-7724-8034-8

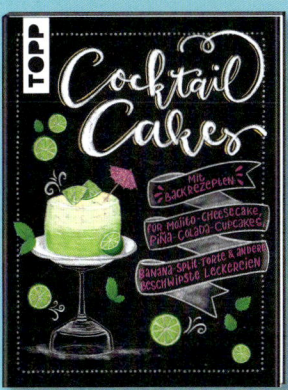
ISBN 978-3-7724-8056-0

ISBN 978-3-7724-8046-1

ISBN 978-3-7724-8057-7

ISBN 978-3-7724-8044-7

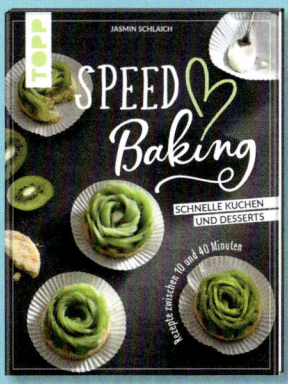
ISBN 978-3-7724-8060-7

ISBN 978-3-7724-8062-1

IMMER INFORMIERT, IMMER INSPIRIERT —
DIE GANZE WELT VON TOPP AUCH IM NETZ

WEBSEITE

DIE NEUESTEN TRENDS, DIE SCHÖNSTEN KREATIVBÜCHER UND DIE AKTUELLSTEN INFORMATIONEN AUF UNSERER WEBSEITE

Schau mal vorbei und stöbere in unserem riesigen Angebot von mehr als 1000 Kreativbüchern, Sets und mehr:

www.TOPP-kreativ.de

NEWSLETTER

BUNT, ÜBERRASCHEND UND IMMER AKTUELL – IMMER AUF DEM LAUFENDEN MIT UNSEREM NEWSLETTER

Noch heute anmelden und regelmäßig Informationen, Tipps und Neuheiten erhalten:

www.TOPP-kreativ.de/Newsletter

FACEBOOK

Werde Teil unserer Communitys Mitstrickzentrale fürs Handarbeiten und Bastelzentrale für die Themen Basteln, Bauen, Dekorieren & DIY. Du findest uns unter:

www.facebook.com/Mitstrickzentrale
www.facebook.com/Bastelzentrale

DIGITALE BIBLIOTHEK

TUTORIAL-VIDEOS, PLOTTER-DATEIEN, VORLAGEN ZUM AUSDRUCKEN, ÜBUNGSBLÄTTER ETC.

Zu vielen TOPP-Büchern gibt es digitale Extras. Schau im Impressum nach (die letzte Seite des Buches): Wenn dort ein Freischaltcode abgedruckt ist, dann besuche die Digitale Bibliothek auf unserer Webseite, registriere dich einmalig und schalte deine Zusatzmaterialien frei:

www.TOPP-kreativ.de/DigiBib

PINTEREST

NEUE BÜCHER, NEUE IDEEN UND DIE MENSCHEN, DIE SIE MACHEN

Du bist auf der Jagd nach den neuesten Ideen und aktuellen Trends im DIY-Bereich? All das gibt es auf den Pinnwänden des frechverlags unter:

www.Pinterest.com/frechverlag

INSTAGRAM

LIVE DABEI MIT STÄNDIG AKTUELLEN NEWS AUS DEM FRECHVERLAG

Willst du wissen, was bei uns gerade passiert und woran wir arbeiten? Dann folge uns auf Instagram. Möchtest Du uns an deinen Kreativprojekten teilhaben lassen? Dann poste doch gleich ein Foto mit dem Hashtag **#frechverlag** und wir stellen dein Werk gerne der Community vor:

www.Instagram.com/frechverlag

Youtube

Ein Video sagt oft mehr als tausend Worte
Du möchtest neue Techniken ausprobieren, Autoren kennenlernen oder einmal hinter die Kulissen unserer Buchproduktionen schauen? Dann abonniere den Kanal des frechverlags unter:

www.YouTube.com/frechverlag

WER WIR SIND,
WIE WIR ARBEITEN,
WAS WIR LIEBEN ...

Folge uns auf Instagram, Facebook und Pinterest, um mehr über uns und unsere Arbeit zu erfahren und immer mit den neuesten Informationen versorgt zu sein.

ALLE NEWS, ALLE INFOS UND ALLE LINKS
FINDEST DU AUF WWW.TOPP-KREATIV.DE

Die Autorin

In ihrem Knusperstübchen entwickelt Sarah Zahn ihre Rezepte, kocht gemeinsam mit ihrem Mann oder knutscht mal wieder ihren Kater Karl. Ihr Blog ist ihr Zuhause und das mittlerweile seit über fünf Jahren. Wenn sie sich nicht durch die Küchen der Welt probiert, ist sie als Social-Media- und Content-Managerin für ein Tourismusunternehmen unterwegs, arbeitet an neuen Konzepten oder reist durch die Gegend. Vielleicht ist sie aber auch gerade in der Heimat und schnuppert ein wenig Ostseeluft. Eins ist gewiss: Die Inspiration für ihre Rezepte findet sie in ihrem Alltag, und sie möchte ihre Leser an diesen Leckereien teilhaben lassen. Ihre Geheimzutat: die Extraprise Liebe zum Genuss und der Wunsch, zu teilen.

Dank

Weihnachten und der Winter gehören kulinarisch zu meiner liebsten Zeit des Jahres. Nicht nur der herrliche Zimtduft, sondern vor allem die gemeinsame Zeit mit den Lieben, beschert uns besondere Glücksmomente. Dass ich hierfür ein Buch gestalten durfte, macht mich glücklich und ein wenig stolz. Und auch dieses Mal wäre es nicht möglich gewesen ohne all die Helfer hinter den Kulissen. Dafür danke ich euch! Ich danke meinem liebsten Mann Alex für seine Geduld, seine Zauberkräfte beim Beseitigen des Küchenchaos und seine ehrliche Kritik beim Vorkosten. Ich danke der lieben Julia, dass sie mir nicht nur ihre Hände für das Cover geliehen hat, sondern mir auch mit ihrer Kreativität so oft zur Seite stand. Ein großer Dank gilt auch meiner Produktmanagerin Janina und dem frechverlag, die mir auch bei diesem Buch wieder ihr uneingeschränktes Vertrauen geschenkt haben. Nicht zuletzt danke ich euch, meinen treuen Followern und Bloglesern. Ihr habt euch nach meinen beiden ersten Büchern ein Weihnachtsbuch gewünscht und mich mit eurer Treue unterstützt. Ich wünsche euch allen ganz viel Freude mit diesen winterlichen Glücksmomenten.

124

KREATIV-HOTLINE

Hilfestellung zu allen Fragen, die Materialien und Bücher zu kreativen Hobbys betreffen: **Frau Erika Noll** berät dich. Ruf an oder schreibe eine E-Mail!

Telefon: 0 50 52 / 91 18 58*
*normale Telefongebühren
E-Mail: mail@kreativ-service.info

Vorlagen-Download in der TOPP Digitalen Bibliothek online
Die Vorlagen für die Cake Topper, Banderolen und anderen Dekoelemente findest du nach erfolgter Registrierung in deiner Digitalen Bibliothek: www.topp-kreativ.de/digibib
De**r Freischaltcode lautet: 17362**

Impressum

Rezepte & Fotos: Sarah Zahn
Coverfoto: Sarah Zahn
Illustrationen: Kirsten Albers, gelbkariert.de (Dekoelemente); designed by freepik (alle übrigen)

Produktmanagement: Janina Dieckmann
Lektorat: Dr. Christine Schlitt
Herstellung und Umschlaggestaltung: Katrin Röhlig
Innengestaltung & Satz: Bachmann Design, Weinheim
Druck & Bindung: Neografia, Slowakei

1. Auflage 2019
© 2019 frechverlag GmbH, Turbinenstraße 7, 70499 Stuttgart
ISBN: 978-3-7724-8064-5
Best.-Nr. 8064